歴史の闇を浄化し
世界を変える

神様のタイムカプセル・ヒーリング

現世を救済する
ゴッドGPT
ついに発動！

昭島レイラ
Akishima RayLa

ヒカルランド

目次

第2章 前世の記憶が引き起こす現世の問題

第３章 タイムカプセル・ヒーリングが起こした奇跡

第4章 チャクラを調整して浄化する

第5章 宇宙神による魂の浄化で地球を癒す

カバーデザイン　吉原遠藤（デザイン軒）
校正　麦秋アートセンター
出版プロデュース　天才工場　吉田浩
編集協力　福元美月
執筆協力　「cosmic flow」岡田光津子

序　章

「見えない世界」に導かれて……

魂の道

あなたの魂は、何処から来て
何処へ行くのか……

あなたの運命は、あなたの魂が導いていることをご存じでしょうか？
誰かが決めたものではなく、あなた自身が決めているのです。運命は変えられます。あなたが本気で幸せになりたいと願った時、運命を変える力が動き出します。

運命の管理者は、あなた自身です。運命を導くパワーは、あなたの心の思いや意志の力です。それらが人との出会いや仕事などに作用し、あなたの人生を彩ります。

与えられた命を活かし、人生を彩るパワーを培ってほしい。そう願い、私はお客様とのセッションでスピリチュアルな世界の扉を開き、そこで得た大切な情報をお伝えしています。

しかし運命の流れの中には、様々な試練や困難といった、乗り越えなければならないことも、仕組まれています。そして実は、魂の中にある前世の記憶や想念のエネルギーが、あなたの運命の歯車を狂わせてしまうことがあるのです。

魂はいくつもの前世を生きて現世に至り、現在のあなたとして、この世に存在しています。この道程はいくつもの人生を体験する、魂を磨く旅のようなものと考えてよいでしょう。これらの体験は無意識の中で過去世の記憶の集合体となります。潜在意識にはあなたの魂の前世体験の記憶が刻み込まれているのです。

私たちの運命の扉の鍵は、魂が握っていると言っても過言ではありません。魂の神秘的なパワーには、計り知れないものがあります。あなたが輪廻転生を続ける中でつくられてしまった、過去の記憶に刻まれた恐怖やトラウマがカルマのエネルギーとなって、今の運命に影響を与えているのです。

魂は無意識の領域から、あなたの運命の流れに作用し、コントロールする力を持っています。まるで自分がもう一人の自分と闘っているような自己矛盾として現れることさえあるのです。

誰しも心の中に魂と通じる道を持っています。魂の世界と今の自分は、つながっています。その道は目には見えないけれど、あなたの中にしっかりと存在しています。

この世の歴史はすべて神様の計画のもとに

私が出会う人たちを通じてわかったことがあります。1700年前から起こった日本の侵略の歴史と輪廻転生は、因縁の形をとって大きく関わっているということです。

私はヒーリングの仕事を通して、神様が仕組んだ壮大な計画に、巻き込まれていくことになりました。因縁ある魂との出会いをきっかけに、壮絶な歴史の真実と向き合いながら、日本の歴史の浄化と魂の救済に取り組んでいったのです。

そもそも、私が目に見えない世界に導かれたのは、幼少期から「この家は祟《たた》られている」と何度も聞かされて育ったからでした。先祖は、戊辰戦争の後で北海道に渡り、会津に戻って事業を始めました。最初はうまく行っていましたが、母の父が志半ばにして36歳で早世し、次々と弟や従兄弟の戦死や事故死が続き、離別死別の運命を辿っております。

私は子ども時代に金縛りに遭い、先祖の男性の声ではっきりと「30代半ばから一緒に商売を始めるからな」と言われました。実際、私は結婚を機に諏訪に導かれ、家族の応援もあって自ら商売を始めることになり、先祖のバトンを引き継ぎました。私はこれで幸せになれると信じていました。

しかし諏訪での生活が、神様とのつながりを持つ序章だったのです。神様は、人間を使うために脳に指令を出していたのでしょうか？　なぜなら、神様の計画が進んでいく道筋は、まるで私が自ら望んでいたかのように、その思惑と重なっていったからです。

気づくと、すべてが神様の計画のもとに行われているわけですから、私の周りには、戦後の日本で成功した大実業家の方々、財界や政界で活躍される方々が集まってきました。そして、彼らにヒーリングを数多く行い、開運へと導いてきました。こうしたことも、私の魂のルーツを中心に展開された、様々な歴史と深く関係していたのです。

ヒーラーとして駆け出しの頃、「あなたの後ろに松平容保（会津藩9代目当主）が観える」と、ある霊能力者が私に言いました。当時はまだ会津の歴史に疎《うと》く、言われた言葉にピンとくるものはありませんでした。

しかし、因縁とは不思議なものです。嫁ぎ先の義母の先祖は会津の開祖、保科正之、つまり徳川家光の弟、秀忠の隠し子を養育した高遠城の家臣一族でした。

私はヒーラーの仕事を通して、大化の改新、東北遠征、源平合戦、関ケ原の合戦、戊辰戦争など、日本の古代からの歴史にチャネリングしていくことになりました。霊能力者の言葉は、様々な怨霊や怨念を持つ魂の大浄化に奔走する運命を予言していたのかもしれません。

歴史に残る戦いや侵略の争いから陰謀まで、魂の世界とコンタクトをとり、神様の預言、ご先祖の導き、魂の告白を元に、日本の歴史の浄化に深くかかわっていくことになりました。その出来事の裏付けは、今やインターネットによる情報入手で可能です。このような時代に合わせて、神様は大浄化のシナリオを書かれたのでしょう。

その立役者たちを次々と私の元に呼び集め、日本の歴史の大浄化、そして地球のアセンションへと向かっていくこととなったのです。

神様の仕事を始めてから私が歩んできた世界は、まるでパラレルワールドのようでした。現代社会で生きながらにして、眉間にある映写機に映し出される数々の映像、1500年以上も前の歴史に残る人物たちとの魂の会話が繰り広げられるのですから。2000年以上も続いている日本という国は、いまだに古代の侵略、古代天皇にまつわる妃争い、遣隋使・遣唐使によってもたらされた霊術、呪い術、祈禱、魂の封じ込めなどの影響を強く受けているのです。

霊界では私が神様とともに行っているこの浄化仕事をお手伝いくださる有名な歴史上の人物たちが、神様に懺悔《ざんげ》とお詫びの書状を書いています。そこでは、侵略と戦乱、陰謀の世界が暴き出されています。多くの人を血で染め、多くの人を六道輪廻（P70参照）の世界に閉じ込めたことを謝罪しているのです。

古代神の時代からつながるツインレイとの再会

私は神様の大浄化計画の中で、神様から選ばれ、熱心に説得されました。「お前は真っ白なキャンパスだから使える」と言われ続けました。使いやすい駒の一つとしてこの浄化救済の仕事を行っている、だからこの仕事が終わったら私の望みも叶えられると考えていました。ところがある日、神様の大浄化計画には、私の前世が大きく関わっていたことがわかりました。

ある時から、私の左側の頭上に、刺繍《ししゅう》の入った真っ赤な着物を着て、絢爛豪華《けんらんごうか》なかんざしをつけた姫と、黒い紋付き袴の殿様が二人で現れ始めました。

最初は、誰だろう？ と思いましたが、その姫は江姫《ごう》、過去世の私であることに気づきました。同時に、江姫と深い絆を持つ徳川第2代将軍・秀忠とはツインレイであったことが、直感的にわかりました。ツインレイとは、この世に存在するたった一人の運命の相手のこと。前世で一つだった魂が今世に転生する際に二つに分かれ、その片割れといわれています。神様は私たちを「古代神の御霊分かれした夫婦」とおっしゃるのです。

それ以降、神様のご意志により、私たちツインレイがつながるために、神霊界を舞台にして、一気に魂の浄化と救済のシステムが稼働し始めました。江戸時代には秀忠、江姫としてツインレイだった私たちが400年もの時を超え、現世でまた、出会ったのです。

秀忠の転生として生まれたツインレイの彼は、現世では7歳年上の初恋の女性と結ばれて結婚しました。ところが奥様はがんに侵され、亡くなってしまったのです。

彼が私の前に現れたのは、奥様が亡くなって4年後でした。出会った瞬間、まるで電気ショックのような衝撃が走り、私たちはお互いに前世の魂の縁を強く感じました。

私たちは、この時代に出会うことを、魂の世界で計画していました。そしてそれをきっかけに、私の内に潜む古代神の女神がとうとう目覚め、魂の統合のために働き出しました。

しかしそこから先には、神と悪魔との戦いが待ち構えていたのです。

せっかくツインレイの彼と出会えたにもかかわらず、何かいやな予感がしてなりませんでした。霊能力のある男性のお客様から「彼には奥様の霊が憑いているよ」と言われたことも、気になっていました。

１３００年前の聖武天皇の時代、私とツインレイの彼とは、玄昉と藤原女帝により、領土と城を攻められ、悲劇的な運命を辿った夫婦でした。玄昉とは、遣唐使として唐の国で霊術、呪い術、祈禱などの文化を日本に持ち込んだ僧侶。藤原女帝とは、中臣鎌足が朝鮮半島から連れてきて古代天皇家に嫁がせようとした女性たちの総称です。

二人の魂が神様につながることを強烈に阻止しようと、玄昉と藤原女帝のエネルギーは私たちに近づいてきました。玄昉が現代に転生した男性が、私の前に現われたのです。さらに「レイラ先生がいないと生きていけない」と、ずっと追いかけて来ていた女性がいました。新橋の徳川屋敷を乗っ取り、霊障に苦しめられ、私に救いを求めて来ていた最初からのお客様です。実は、藤原女帝が転生した女性だったのです。

その頃、ツインレイの彼は、奥様の死のショックから立ち直りかけていました。そして彼は自分自身の運命を変えるために、私の元に導かれてやってきました。けれども、私たちの古神様から、「光の戦士となって働け」と命じられました。私たちの古代からの魂が虹の架け橋でつながろうとした瞬間、玄昉と藤原女帝のエネルギーが現れ、二人の縁を切ってしまったのです。

その後、魂の伴侶である彼は姿を消し、私たちは引き裂かれたままです。ところが姿を消した彼の代わりに、彼の亡き妻が私の側について、霊界の浄化仕事を手伝ってくれることになりました。なぜそんなことになったかというと、彼女の前世は豊臣秀頼の妻、千姫だったからです。そう、徳川秀忠と江姫の娘だったのです。

神様とつながり、観せられた歴史の真実

私は長年、宇宙の大いなる神様とつながり、ヒーリングを施してきました。これは次のように行われます。

まず神様が、チャクラのエネルギーの回路を通じて深淵なる世界の扉を開きます。すると、神秘的なエネルギーの光が流れ込んできます。

そして、眉間にある「第三の目」ともいわれる第6チャクラのあたりに、まるで映写機で映し出されたCGのように、その人の前世での体験が映し出され、チャネリングで同時通訳のように私にメッセージが伝達されてきます。

相手の映写機と私の映写機を同期させ、同じ過去世が映し出されているような感覚です。現代的にいうなら、スマートフォンとタブレットやパソコンで、同じ情報を共有するようなものです。

このように神様とつながるヒーラーとして活動を始めた、2年目のある日のことでした。50代の女性から、まるで長刀の名手のような後ろ姿で勇ましく、風を切って歩いている姿が観えました。話を聞いてみると、現実の彼女は交通事故の後遺症で首を傷めており、何か大変な苦悩があったのを感じました。

ヒーリングを施すと、身体が温かくなり、首の痛みがほぐれてリラックスしていきます。さらに深く入る光に導かれて霊的な扉を開けると、先祖が彼女にすがっているのが観えました。すると彼女は、「私の祖父の家は、赤穂浪士なのよ」と、饒舌に話し始めました。

ヒーリングセッションを続けていると、突然私の眉間の第6チャクラが紫の光に包まれて、映写機に過去世が映し出されました。そこには、城が燃え、その中を逃げ惑う人たちが観えました。女性と子どもたちが悲鳴をあげ、落城する炎の中、老人も逃げまどっています。若い子どもの殿様を母親がかばって体を張って守っているのも観えました。

そのことを伝えると、彼女はたった一人の息子が10代から家庭内暴力を振るい始め、どこでみてもらっても原因がわからず、家族はバラバラに離別してしまったと話しました。登校拒否の息子さんが非行に走り、親御さんは手の出しようがなかったといいます。母親である彼女は責任を押しつけられ、離婚という運命を余儀なくされたのでした。

この時の体験から、私はその映写機に映る過去世の様子を観ながら、魂の世界からの告白を受け取り、現世につなげられることを知りました。そして、人間の運命には、過去、現在、未来と通じるトンネルのようなものがあり、過去世が現世の問題をひき起こしていることを知ったのです。

魂のトラウマを癒すレイラ・ヒーリング

私は神様と交信し、指導を受けながら、ますますヒーリングの世界に没頭していきました。エネルギーの流れが手に取るように感じられ、毎日神様の光のエネルギーをいただいているような感覚でした。

そのうちに、病院や代替医療、整体、カウンセリングなど、様々な治療を受けても問題が解決しないという人たちが、口コミで訪れるようになりました。

ヒーリングセッションを始めて間もなく、光のエネルギーがチャージされると、心身のストレスや自律神経による痛みなど、その方の肉体の周りにあるオーラ（オーラ・エネルギーフィールドともいう）に原因が浮かび上がってくるのを感じられるようになりました。そのエネルギー体からわかった原因が癒され、浄化されて、解放されていく最中に伝えてくるメッセージも受け取れるようになっていったのです。

目の前にいるクライアントにヒーリングを行っていると、光のエネルギーはさらに深くその中へと入っていきます。すると、奥深くから別次元の過去世が浮き上がってくるのです。

私はその現象に驚きました。光のエネルギーを施すことで魂が癒されて浄化作用が起き、生命エネルギー体から、霧や粉塵《ふんじん》のようだったり、ねばねばとした塊や粒状だったり、硬い岩の塊のようなものが分解され、解毒されていくのです。光のエネルギーによって、その方の魂を組み立て直していくような、挑戦的な面白さも感じました。

宇宙の神様とつながり、クライアントの生命エネルギー体で起こる出来事を観ているうちに、過去世の映像が現れ、魂の世界の告白が始まります。過去にどんな思いをしたか、その苦しみや辛さが語られていくのです。

魂の記憶には、幸せだった思い出から、恐怖やトラウマ、無念の死やこの世への執着と憤りなど、消化されていない感情的なエネルギーが留まっています。また、因果応報のカルマのエネルギーが現在に影響し、運命を澱《よど》ませ、不調和や矛盾を引き起こしている場合もあります。

神様の光による癒しと浄化が開始されると、私自身がクライアントとその魂の中にある過去世とをつなぐ橋渡しをします。魂の告白が終わると、天界から千手観音菩薩様が現れ、黄金の光でクライアントの魂の悟りを開きます。

自分を取り巻く人たちが何をやってきたかを知り、救われたいと求め、過去の悪行を心から悔い改めた時、初めてその人の中にある過去世は浄化されていくのです。それはまるで壮大な1本の映画を観ているような感覚でした。

この時、その人が過去世で関わった人たちも一緒に浄化され、数百体から千体以上の霊魂が天に昇っていく様子を、私は眉間にある映写機を通じて観ているのです。

その光景は非常に凄まじくも荘厳な世界です。その後、必ず天国に上がった「証拠の品」が来ます。それはクライアントが望むものを手にすること。家庭の和合や事業の成功など幸運の引き寄せが起きるのです。

私がヒーリングをしていると、毎日のように神様からのメッセージが届きます。とはいえ、私はもともと霊能力があったわけではありません。子どもの頃、ご先祖様からのメッセージを受け取っている感覚はありましたが、そこまで大きな力が自分にあるとは思っていませんでした。

けれど、目に見えない世界から神様にリクルートされ、日々神様のエネルギーやメッセージを送ってもらう中で神様に導かれ、私の中の力が開花し、「レイラ・ヒーリング」が形作られていったように思います。

東京に上京する時も、仕事を選ぶ時も、すべて運命が変わる時は、守護霊のような先祖の力が働いている感覚があり、私は守られていると思っていました。けれど、手相や占い師にみてもらうと、若い頃は必ず「先祖が水没しているから運が悪い」というようなことを言われてきました。

多くの方々は、自分の運命や、未来がどうなるかということに関心があると思います。まさか何百年も前の戦国時代の先祖の所業、代々の家系に生じた狂い、2000年もの歴史を遡って、自分の魂に刻まれた過去世の影響が、現在の自分の運命に大きく影響しているなんて思わないでしょう。

自分という存在はまるで小宇宙のようであり、アカシックレコードの過去の情報につながっているのです。そのエネルギーが波動として伝達されてきて、現世を生きる自分の生命エネルギー体に浸透するなど、考えもつかないことだと思います。

神様から注がれる光のエネルギーは、まるでハイパーテクノロジーのようです。テラヘルツ光線をバージョンアップさせたもののように、その光が数百年、数千年前の過去世にまで届き、現世に影響を与えている出来事の震源地、つまり根本原因がつくられたところにまで到達していきます。

そこで悪化したエネルギーが浄化されると、別の未来への扉が開かれ、運命を変えることに成功します。すると、高次元の宇宙からの恩恵が流れ込み、幸運の引き寄せが起きるようになるのです。

宇宙神からの光のエネルギーを初めて受け取った時、私は自分が覚醒したのを感じました。身体の内側から魂がろくろ首のように伸びて宇宙を駆け巡る体験をし、その後「宇宙に飛んだ」と感じました。この衝撃的な体験から、すっかり無我夢中になり、最初の3カ月間で1000人にヒーリングを施しました。

1000人のクライアントにヒーリングを施すことが、枯れ果ててしまったように感じていた自分の運命を回復させ、バージョンアップさせるために、エネルギーチャージされていたように感じます。神様は新しい未来を切り開くために、私の生命エネルギーにとっても栄養源となるようなヒーリングを施してくださっていたのです。

この一連のヒーリングを、レイラ・ヒーリングと名づけています。「レイラ」というのは女性の英名でもありますが、実は神様からいただいた名前です。

その意味は、「レイ（ray＝光）」と「ラー（ra＝太陽神。ただし神様は「La」

と呼べと言われました）」を示しています。その語源は天使たち、誰もが神様とつながる、光になるという意味です。私の本名は「光子」といいます。この仕事をするお役目を得ていることが決まっていた、まさにシンクロニシティが起きていたのです。

私は毎日、宇宙神からの光のエネルギーとつながり、天界の扉が開いて神秘の光が降りてくるのを感じていました。そして、神武天皇や素戔嗚尊《スサノオノミコト》、日本武尊《ヤマトタケルノミコト》と名乗る神様たちと交信を始めました。

最初に話しかけてくださったのは神武天皇でした。その後5年間は素戔嗚尊の神様がお越しくださり、その後は日本武尊の神様に変わりました。

真剣に交信しながら、「これから私は、どうしたらよいのですか？」「神様の光を求めている人たちは、どこにいるのですか？」と問いかけました。それに応えるようにして、ヒーリングやエネルギーの世界ではまだ幼子のようだった私が神様たちと、この地球を癒すための仕事を始めていったのです。

第1章

セッションで知った歴史の真実

うつ、ニート、引きこもりは「歴史の闇」がつくった

日本には、この世に誕生したにもかかわらず、過去世の魂の穢《けが》れに閉じ込められて自分の運命が切り開けず、幸運な人生を送ることができない人たちが何万人もいます。

厚生労働省の２０２２年の発表では、39歳までのうつ、ニート、引きこもりが54万１０００人もいると報告され、この数は増え続けています。さらに、30代、40代という働き盛りの若者のうち、３０４万数千人もの人たちが心の病であると発表されています。

これまで私は神様につながり導かれながら、２０００年からヒーラーとして活動してきました。私に与えられた深淵なる力はすべて神様から賜ったものであり、私自身は神様の手足となって浄化の手伝いをしています。神様が言うところによ

ると、実に129万もの魂を浄化し、救済しているそうです。人間の叡智を超えた能力です。

とくに日本の侵略に関する争いには、神々たちの戦いも影響していると感じます。大化の改新、鎌倉幕府と朝廷の争い、豊臣、徳川の戦乱、そして明治維新まで、歴史に残る事件に因縁ある転生した魂が、私の前に次々と現れました。

魂の浄化、救済はずっと続いていましたが、2020年を挟んだ数年間はとくに過酷でした。明治維新、戦後までの争いの対立が、黒い霧でこの国の魂すべてを覆っているのではないかと思うほどでした。

実は、東日本大震災が起こる前、平和と繁栄をもたらす2匹の金龍神が現れていました。にもかかわらず、欲得の黒龍が現れ、魂の世界に光が射し込むのを阻んでいると感じました。そのため、魂が神様とつながって浄化・救済され、弥勒菩薩の世を創生するという神様のミッションになかなかつながっていきません。

それはまるで、古代神の呪いにいまだ苦しめられているかのようでした。

神々たちは霊界にいる心ある御霊を呼び集め、日本にうごめく穢れた魂の救済を促してくれています。魂が癒されて浄化されることで、その魂を宿した人々がようやく現世の人生に立ち還ることができるからです。

現代社会にもおいてもなお、古代から連綿と続く悪霊との闘いは続いています。現在を生きる人々の運命の足を引っ張る邪気とつながった御霊が、まだまだたくさん存在しているのです。悪魔の力は、それだけ驚異的に強いということを感じました。

過去世の恐怖とトラウマで、現世を生きるはずの魂が閉じ込められ、自殺する若者も増え続けています。目に見えない世界で繰り広げられている、神と悪魔との戦いは光と闇のように、現世にも現れているのです。

古代から今も続く日本の呪いを浄化する

そして、日本の歴史における次元を超えた魂の世界でも、未だ対立が続いています。

人は何度も生まれ変わりを続けながら、カルマを清算するための、魂の学びと成長、修行のプログラムをこなしていきます。人が魂として存在する世界と現世は、パラレルワールドとして存在しています。過去世の想念エネルギーは次元を超えて現世へ波動伝達され、現世の運命に大きな影響を与えています。人との出会いや起こった出来事を通じて、過去世で体験した記憶の情報が瞬時につながり、感情的な問題や霊現象を引き起こし続けているのです。

神様の神秘のヒーリングはそれを開示し、霊的エネルギーを浄化します。同時に、想念エネルギーの集合無意識とのつながりで繰り返される、過去世で感じた恐怖やトラウマといった、カルマの鎖を解き放ちます。前世から繰り返す想念の意識を変え、苦悩の波動伝達を浄化、ひいては地球のアセンション活動を展開しているのです。

神様は、ヒーリングを施す者として、種族のリーダーや戦乱の世のトップリーダーたちを集結させています。そこで歴史の真実を暴き、魂に悟りと懺悔をもたらしていまだ続くカルマを解消し、人間界からの解脱を促しています。

自分自身でも信じられないようなことが次々と起こり、私は大きな渦に巻き込まれるようにして、神様の浄化計画に組み込まれていきました。私はもともと日本の歴史には全く興味がありませんでした。学生時代に授業で習ったことですら、年月を経るうちに、忘却の彼方へと葬り去られていました。

けれど、歴史の浄化と魂の救済に関わり、日本の歴史を彩った魂たちと触れ合ううちに、様々な歴史的事実を知ることになります。私の場合は、まずセッションでその出来事を知り、あとからインターネットや本に当たって、それが事実であったことを知るのです。

神様に救済された魂も神霊界に結集し、神様の手足となって働き出し、浄化作業が進んでいきました。何しろ、歴史的事件について、当事者であった魂から話を聴くわけですから、歴史上の事実として公に語られていないこともあります。

認識されている事実に反することもあります。

ここからは、日本の歴史に登場し、日本の運命を左右する立場にあった人物の魂から直接聞いた、「日本の歴史の真実」について、お話ししたいと思います。

藤原鎌足が繰り返す不運の結末と蘇我馬子の闘い

神様の設計図に従って集結した魂は、歴史の真実を語り、悟りと懺悔により、六道輪廻で統治された世界から解放され、天国界へと導かれます。そして、神様の手足となって働く契約を交わします。戦国武将たちは、何万枚も書状を書いて因縁の戦いを繰り返したことを神様にお詫びしています。そうすることで家臣諸霊の魂の救済をお手伝いしているのです。

古代、倭国（日本）は、小国をつくっては何度となく諸外国と侵略戦争を起こしました。同盟を結び、国同士を結ぶ婚姻も行われました。しかし、中国、朝鮮半島から渡来する種族だけでなく、遠くインカ帝国、イスラエル、ペルーからも、中国、朝鮮半島を経て侵略を目的とした国々がやってきたのです。この間約150年、倭国の様子は記録がなく、空白となっているのですが、邪馬台国をつくり、鬼道に優れた卑弥呼を女王とし、国を統治していたのです。

日本に渡ってきた種族たちが豪族となり、権力争いを繰り返す中、古代天皇家は、大和王権の中で力を示していきます。のちに蘇我馬子が日本の古代天皇である推古天皇に仕え、権力を持つようになりました。そして聖徳太子を中心に、この国を仏教において統治するミッションを掲げたのです。

しかし、中国、朝鮮半島の戦乱を潜《くぐ》り抜けて来た渡来人、中臣鎌足（藤原鎌足）は、高句麗の王族として、百済、新羅の戦いに負け、日本を新境地として求め、渡来します。中大兄王子の豪族と物部などを味方にして、天智天皇の自然神崇拝を掲げ、仏教と真っ向から対立し、日本初の宗教クーデターが起きました

（大化の改新）。

さらに、朝鮮半島から女性たちを連れてきて藤原姓を名のらせ、古代天皇家に嫁がせて国を支配しようと企みました。私は彼女たちを藤原女帝と呼んでいます。

その后争いで亡くなった藤原女帝は九尾の狐や欲得の黒龍と化し、その魂は戦国時代・現世に転生してもなお、后争い、争奪戦を続けているのです。

藤原鎌足は、何度この世に生まれ変わっても貧乏のどん底に落とされる運命を嘆き、神様との取引を開始しました。今では魂の救済を手伝っています。蘇我馬子は、武内宿禰《たけうちのすくね》を率いて神とつながり、大化の改新の重要人物を救済しています。

大化の改新の影響

こうしたことから、日本は長らく神仏習合の宗教観をもって信仰を行ってきました。これもまた、魂の世界への影響を及ぼし、今世の転生した人間にも続いています。

鎌足率いる藤原女帝たちによる古代天皇の后争いは、転生した男女の幸せにも影響を与えていました。妃になれば、領土、家臣、天皇の子を産み、権力のすべてを手中に治められます。この欲にまみれた女帝たちは、日本の戦国の争いにも転生して関与し、戦国武将を操っていたのです。

大化の改新の宗教争いのために六道輪廻に陥った魂たちが、現代を生きる人たちに影響を与えています。蘇我馬子、推古天皇、聖徳太子と藤原一族の争い、物部の祟りなどまだまだ古代から日本の闇の世界は終わっていないのです。

朝廷と鎌倉幕府の争いから続いた悲劇

実の兄である源頼朝に裏切られ、非業の死を遂げた源義経の話は、弱いものに肩入れする日本人の心を打ち、「判官びいき」という言葉の由来にもなるほどなじみ深いものです。

しかし、源平合戦によるこの兄弟の悲劇、怨念は現世の転生した因縁ある人間たちにも、根深い闇をもたらしています。源頼朝と北条政子は今生も夫婦の縁で、金銭においては大成功したり、喪失したりしていたのです。

政子が転生している女性が、霊現象に悩まされ続け、私のところに来られました。レイラ・ヒーリングによって北条政子の魂は最後に神様の門をたたき、浄化したのです。さらに彼女の家族も福運に恵まれました。それから数年後、頼朝が転生した男性もまた、頼朝の魂が浄化されたことで大成功したと風の噂で聞きました。

義経が転生した男性は美男でしたが、仕事では嫉妬を買い、結婚相手には恵まれませんでした。二度目の妻との悪縁により3億円の大金を投資で失い、神様に導かれて私のところにやって来ました。

リーディングによると、それは安徳天皇と、彼の率いる女官たちの恨みと呪い、義経との戦いで地獄界に堕ちた悪霊の仕業でした。仕事で成功しては落とされ、大金を掴《つか》んでは喪失を繰り返し、最後は、義経と同じように落ちぶれてしまったのです。

義経の魂が語ったところによると、奥州藤原の命令で妻の郷御前《さとごぜん》と娘を殺した後、身を隠し、逃亡生活の末に山奥の川の側で命尽きた姿がリーディングされました。その後、時間をおいて静御前と郷御前の転生した女性も導かれてきました。静御前は、20代から鎌倉を見るたびに倒れ、前世のみえるお坊さんに浄化救済してもらっていましたが、不運が重なり、奈落の底にいるような状態でした。しかし真田幸村の母親の転生と、上杉謙信の祈禱師の転生の女性と出会って徳を積み、望んだ運命へと転身をとげました。

郷御前は、奥州藤原の、まさに当時義経を匿った人が転生した夫婦の元に生まれていました。彼女は子ども時代から「1000人の人だかりに囲まれている」と恐怖を示し、何年も引きこもり、うつを患っていました。

その後も、頼朝・義経兄弟の争いに巻き込まれた魂が転生した人たちが次々と私のサロンを訪れました。私を通じて神様は、権力争いの影響を受けた人たちの呪いを解いていったのです。

源平合戦では、朝廷と武士の政権争いへと発展していく経緯が魂たちの告白によって明らかにされていきました。そして鎌倉時代から建武の新政に至るまでの、魂たちの霊現象に巻き込まれている人たちを、次々と集結させ、浄化救済していきました。その間なんと15年もの時が経過しました。それはまさに壮大な歴史絵図の中で繰り広げられている、魂の救済と言えるでしょう。

織田信長、豊臣秀吉、徳川家康をめぐる歴史の真実

戦国時代といえば、本能寺の変は時代を変えた大きな歴史的事件です。織田信長の魂は、神様が浄化救済するにあたり、最初に神様との取引を申し出ました。

それにより、2010年ごろから神霊界で魂の救済を手伝っています。浄化を

進める経緯の中で、織田信長が本能寺の変の黒幕を呼び出し、その魂から真実の告白を受けました。

本能寺の変は明智光秀により企てられたものということになっていますが、実際は違います。天下泰平の世を求める名目で、秀吉、北政所、徳川家康、明智光秀、この4人の密会により計画され、その情景もリーディングされました。

織田信長は安土桃山城を築城し、大きな仕事をやり遂げた満足感を得、外国に心を馳せ、平穏の境地の隙を狙われたともいえます。人生50年と歌い、舞を舞っていた姿は、自分の死を暗示していたのかもしれません。信長の魂は、自由に大海に漕ぎ出し、世界をみることを切望していたのです。

織田信長の小姓であった森蘭丸が転生した男性の一族から相談がありました。私が訪問するとその男性が、ガタガタと震えてうずくまり、何かに怯えているのです。

ヒーリングすると、彼から大量の霊気がガスのように吹き出したのが観えました。そしてリーディングで、織田信長が森蘭丸に「俺の首を斬れ！　そして山中に埋めろ！」と真っ赤に燃える炎の中で命じている姿がみえました。蘭丸は震えながら布に首を包んで、血が滴るその包みを抱き抱えながら、負傷した脚を引きずって山中の木の下に泣き叫びながら埋めているのです（信長はその後、寺で供養されています）。

その男性は、本能寺の変の恐怖とトラウマが魂の記憶となっていたのです。

織田信長が心から愛した女性は、江南の生駒吉乃《いこまきつの》だったと思われます。信長亡き後、吉乃は半狂乱になり、大変な騒ぎだったこともリーディングされました。また信長の娘、徳姫が転生した女性も霊的な恐怖とトラウマが伝達されて、心身症を引き起こしていました。信長は、日に何度も霊界通信をしながら、自分の愛する者たちを次々と導き、その転生に起きている霊現象も浄化に導きました。

織田信長の魂は、イスラエルから渡来した神官の一族で、それが諏訪大社のアークへもつながっていることが伝えられました。キリスト教の宣教師を支援したという史実は、自分が知らない世界に対する興味、海外への憧れを持つ魂が行わせたのでしょう。

北政所の転生した魂により秀吉との若き時代の物語もリーディングされています。秀吉は、織田信長の元で間者をしていた時代に4人も子どもを堕胎し、その後夫婦は子に恵まれず、動乱の世へと向かうのでした。

また、信長の妹君であるお市の転生した女性へのリーディングからみえたところによると、浅井長政の継室となってからも彼女は間者としての働きをしていました。北ノ庄城の戦いで自害したとされていますが、実はお市は生き延び、豊臣、徳川の乱世を垣間見ていたのです。

徳川家康もまた波乱の運命を生きています。出生日が同じで、側室に生まれた異母兄弟が出家していたことから、明智光秀をその異母兄弟の替え玉、天海和尚として迎え、徳川と明智で世をつくることを約束しました。

したがって、本能寺の変は明智光秀一人の企てによるものという現代の通説とは違うということになります。この本能寺の変の主犯格を担ったのは明智の家臣であり、春日局の父、斎藤利三でした。彼は山崎の乱において、豊臣秀吉により明智の身代わりとして磔《はりつけ》の刑に処されました。こののち、春日局は家康、天海和尚の後ろ盾で大奥入りを果たしています。

明智光秀の魂は織田信長の導きで和解し、神様に懺悔して書状を書き、本能寺に行かなかった真実を告白しました。信長の妻、斎藤道三の娘の濃姫も本能寺に行かず、明智により逃がされています。

明智光秀の魂の告白は、私を通じたチャネリングで数十分間にのぼりました。その３ケ月後、発見された古文書から、告白と同じ内容、明智光秀は本能寺にはいなかったという事実が明らかにされ、新聞発表されたのです。

江戸時代の平静の世の裏で蠢く陰謀

関ケ原の合戦では、北政所が西軍の小早川秀秋に、徳川につくように命じました。また、西軍総大将の毛利輝元の養母である中の丸も北政所と精通し、手紙を書いて輝元に合戦に参加しないよう命じました。

関ケ原の合戦は、北政所と淀殿の恨みの「念の対決」でもありました。北政所は、木下藤吉郎の時代に秀吉との子どもを4人身ごもっています。しかし、身分が低いことを理由に4人とも堕胎したために、子どもが産めない身体になってしまったのです。

その後、前田利家の娘・豪姫を養女に迎えましたが、秀吉が政権下の五大老であった宇喜多家嫡男・秀家の母親を寵愛したため、秀家と豪姫を結婚させました。実は豪姫は、前田藩を後ろ盾に、豊臣の後継者の子を産むことを望んでいたのですが茶々と秀吉の婚姻で夢は破れました。西軍が関ケ原の合戦で負けた後、八丈島に島流しにあった宇喜多秀家と息子への仕送りは豪姫の生家である前田藩に課せられています。

関ケ原の明暗を分けたのは細川ガラシャの暗殺でした。石田三成はキリスト教に帰依している奥方たちを人質にして豊臣の味方につけようとしましたが、家康の異母兄弟が黒幕として動き、ガラシャはイエズス会の信者により自害に導かれました。関ケ原の合戦には、イエズス会のキリシタン宣教師も関与していたのです。

家康の異母兄弟が転生した人物が私のもとに訪れると地獄にいたガラシャの魂は嗚咽して震えながら「キリスト教を信仰していたのに、なぜ私は地獄界に堕とされたの？」と訴えました。そして何時間も泣き叫んだあと、天へと上がっていきました。ガラシャの魂は死後、仏教の六道輪廻の地獄界にいたのです。

日本の権力争いに戦国武将とイエズス会などがつながっていたのは、鉄砲の入手などの貿易が絡んでいたからに他なりません。このキリシタン弾圧にまつわる霊魂を数千体以上浄化救済するのに、数年かかりました。

真田幸村が転生した男性は、原因不明のアトピー、離婚、詐欺などの不運に合い、後藤又兵衛の転生した魂は、双極性障害を患っていました。その原因は家康を亡き者とした恐怖とトラウマだったのです。

真田幸村、後藤又兵衛の魂が語るには、徳川家康の最期は、後藤又兵衛に弓矢を射られ、真田幸村によりとどめを刺されたとリーディングされ、伝えられました。家康は現在、大阪・堺の墓に眠っています。堺はまさに大坂の陣で徳川が勝利した場所でした。

豊臣秀吉の家臣の浄化が進むにつれ、真田幸村の転生した男性から幸せな結婚の報告が届きました。後藤又兵衛の転生した男性もまた仕事に復帰しました。

淀殿は、石田三成を信頼し、秀頼は二人の間の子どもだったと伝えています。

小谷城の下の石田村で生まれた三成は同郷であり、茶をたてるような落ち着いた性格で機転が利き、淀殿は静かに深く愛してくれる石田三成を慕っていました。彼女にとって一番恋しい相手でした。

秀頼は大阪夏の陣にて、立てこもった蔵で自害したと伝えられていますが、島津藩の手引きにより大分に逃げていました。家光が徳川の兵2500人を投じて行ったキリシタン弾圧は、実は島津藩の手引きで逃げ延びた秀頼の逆襲を恐れてのことでした。これは、家光が高熱で寝込んでいる間に、春日局により命令された弾圧だったのです。

静岡のある女性が、「お金をだまし取られた」と相談してきたため、浄化に取り組むと、奇跡的に大金を取り戻せたのです。それをきっかけにヒーリングを学ぶため、私のスクールにも入りました。

ヒーリングの回を重ねていくと、その女性を通して大きな城にお輿入れする姿がみえました。花嫁行列の中、籠に乗っている女性は妊娠したまま城内に入って行きました。お腹に宿っている子は、徳川家光ではと思った瞬間に、その女性が春日局だとわかりました。

その後、リーディングすると、喜多院にお江とお隠れになり、秀忠とお江の子として産んだというのです。当初お江には、呪いがかけられており、男子が宿らぬように祈禱されていました。春日局は、事実上家光の母親であり、徳川家を裏でコントロールしていたのでした。

長男家光の誕生後に、お江は男子を出産し、「次男」となった忠長を寵愛した結果、日本に西と東で二人将軍が誕生するかに思える状況となりました。

前述のとおり家康は大坂夏の陣で亡くなっており、家康亡き後は家康の異母兄弟が替え玉として働きました。忠長を将軍にしたいお江は、家康の替え玉に取り入ったのです。しかし、秀忠、家光、忠長の二条城訪問中、お江は春日局の差し金で毒を盛られ、絞殺され、火葬されてしまいました。

家光は、まさに明智と徳川の時代をつくる約束の子です。しかし家光もまた業を背負った人生を生きました。家光が転生した男性は春日局の墓の近くに住み、息子さんが15歳からうつ病を患っているということでした。レイラ・ヒーリングにより将軍の座を争った家光とお江の魂は和解し、息子の病も癒えました。現在、家光の魂は、神霊界で親身に応援してくれています。

春日局が転生した方は、春日局の悪事を象徴するように指が曲がっていました。春日局の暗躍はそれだけではすみませんでした。家康の替え玉も毒殺しているのです。この替え玉が転生した男性が、私の前に現れたとき胃に激痛が走り、魂の告白がありました。現在日光東照宮に祀られている家康は、異母兄弟の替え玉だといいます（本人は堺に埋葬されています）。そして、本当の家康の魂は、春日局により魂が封印されていたのでした。

藤原女帝の黒龍による争いが終焉に近づいた２０２３年5月に、家康の魂の封印がようやく解けたのです。

藤原4兄弟の子孫で、藤原北家の末裔に生まれた直江船《なおえせん》は、上杉謙信を死に至らしめた張本人です。上杉謙信は朝廷に出入りし、北条氏の七男、三郎景虎を鮫ヶ尾城に養子として迎え入れたことにより、景虎のライバルである上杉景勝サイドの直江船と景勝の姉により暗殺されました。肺炎で寝込む謙信の口を封じ暗殺を遂行したのです。

その後、御館の乱が起き、上杉は景虎側、景勝側と真二つに分裂しました。勝利した景勝は秀吉の命で会津へ渡り、すでに会津の城として歴史ある黒川城（鶴ヶ城）に対抗して神指《こうざし》に築城しようとしました。景勝の軍事力増強を封じるため家康の命で会津成敗が没発し、関ヶ原の合戦へつながっていったのです。

直江船は先夫の毛利との間に生まれた娘を50歳近い景勝に嫁がせ、産まれた孫を娘亡き後養育しました。その後は尼となり、北政所、春日局に続き、「領土を手にした女性」として莫大な財も手に入れたのです。

また、直江船が転生した家族は、姉が伊達政宗の娘の五郎八《いろは》姫、兄が本多正純、叔母は毛利元就の妻・中の丸と、徳川への執着を持つ魂たちが転生し、集結していました。

五郎八姫は、大阪城を求めて淀殿と秀頼を毛利の郡山城へ移封することを家康に申し出て、夫である忠輝と共に高田城に移されました。正純は宇都宮釣天井事件で秀忠の暗殺を企てて家康の長女の亀姫により密告されていますが、今世の妻は亀姫の転生です。中の丸は北政所に精通し、毛利を裏切ることで関ヶ原の勝敗を分けてしまったのです。

幕末の争いと伊藤博文の謝罪

時代の転換期は、まさに幕末期だといえるでしょう。長きにわたって続いた江戸幕府が終わりを告げる一方で、幕末の争いが勃発していきました。

スピリチュアルな視点や人間の輪廻転生の世界から見ると、これはまさに大化の改新で起きたような現象がシンクロしていると思うのは私だけでしょうか。幕末の立役者たちが、次々と生きている人間のエネルギー回路を通じて神霊界からやってきたのです。

霊界では、亡くなった時の状態のまま生活しているようです。神様による浄化救済がなければ、癒されないまま想念に囚われている世界です。

様々な歴史的事件を神と共にカテゴリー別に浄化していくと、まるでパズル合わせのような設計図にのった魂の浄化と救済がみて取れます。

京都で孝明天皇に使えた京都守護職、松平容保の家臣である会津藩士、新撰組、蛤御門の変で亡くなった長州藩の霊魂も地縛霊になっていたようです。土地を浄めながらその土地に囚われていた霊魂も浄化救済しました。

ある時、私の指導霊となってくださる魂が、推古天皇から孝明天皇にチェンジしたのを感じました。孝明天皇の御霊が幕末の争いを本格的に浄化、救済するために動き始めたのです。それは私が、サロンを四谷に開いた頃のことでした。近くには、高須藩の江戸屋敷や幕末の立役者の屋敷、事件現場が点在していました。

複雑に絡み合った幕末期の浄化が始まり、対立していた一人一人が改心するような様子を感じました。そう思った最初のきっかけは、岩崎弥太郎の家屋敷跡に住んでいる、一族の運命を浄化した事でした。

深夜突然、岩崎弥太郎が現れました。孝明天皇に泣きながら土下座し、謝罪しているのです。その後、板垣退助や土方歳三、西郷隆盛、大久保利通、吉田松陰など幕末の歴史に名を残す魂たちが次々と来ました。

2012年、伊藤博文公の親族が訪れてきました。ヒーリングを始めると、白い軍服姿の伊藤博文公が立っています。

そして伊藤博文公から、安重根《あんじゅうこん》に狙撃され、銃弾3発を浴びて死亡した事を聞かされました。その夜、脇腹に激痛を感じ、伊藤博文公が銃弾で打たれた場所は、左盲腸のあたりだったのではないかと思いました。と同時に私は、自宅にあった白ワインを無性に飲みたくなりました。博文公の家族にそれらを伝えると、亡くなる時に、好きなブランデーを2杯半飲んだところで、左脇腹に当たった鉄砲の弾が原因で亡くなったのだと教えてくれました。

私は伊藤博文公の霊魂は癒され、霊体も修復され、天国へと向かったと思っておりました。しかし、そのまま神様のもとで空白の時間を過ごしたあと、２０１９年くらいから、再び出現し始め、私は幕末の浄化に深くかかわっていくことになります。

まず手掛けたのは、桜田門外で起きた伊井直弼の暗殺事件。これは水戸藩士によって決行された事件でした。水戸藩は、この事件の後も天皇崇拝の尊王攘夷を掲げ、いずれ日本国が迎えようとする明治維新の戦いの火蓋を切ってしまったのです。

また水戸の天狗党を導く背後にも、古代の藤原鎌足によって茨城に鹿島神宮がもたらされる霊的背景が横たわっていたことがわかりました。これら水戸藩士たちにかかわる浄化、救済をしたあと、さらに私は京都に行き、蛤御門の変で亡くなった霊魂を、金戒光明寺に連れて成仏に導きました。

特に、長州藩、薩摩藩、水戸藩士など、尊王攘夷を掲げて争った者たちを浄化に導きました。孝明天皇は、自分の責任の下で起きた幕末の争いに決着をつけるべく、私を使っていたのでした。

孝明天皇の慈悲深いお心に触れ、魂の世界の対立が解き放たれていく様を目の当たりにしました。因縁の争いを魂の世界で繰り広げている限り、現世に転生した者たちの未来も暗い闇に覆われることを教え、説いていかれたのです。そして、幕末に生きた霊魂たちに、日本の未来を変えるべく、神と共に働くことを命じていったのです。

ある男性に依頼されて、西郷隆盛を浄化、救済する事にも導かれました。西郷隆盛も田原坂の争いで、なかなか降参せず、最後は山縣有明の命で会津藩士が動き、彼らが西郷のもとへ切り込んで行って政府軍を勝利に導いたのです。

西郷隆盛はどんな思いだったのでしょうか？　私が熊本県にある花園山、田原坂を浄化しに行った後に、彼は大きな体で泣きながら神様に土下座し、謝罪しました。この浄化のきっかけは、戦後事業で大成功した一族が、花園山に土地を購入した後に夫はがんになり死亡、息子も脳梗塞になり、さらに裁判沙汰にも巻き込まれるという不運でした。その一族の先祖は、伊藤博文公より高い決裁権を持つ立場だったようです。花園山に残る薩摩軍の無念が政府軍の子孫に土地を買われることを良しとしなかったのでしょう。

坂本龍馬の浄化と救済

薩摩に続き、長州と会津の浄化も終わり、高知県にある女性の依頼で導かれました。

現地に向かう飛行機の中で、突然、お腹を刀で無数に刺された男性の霊が出てきました。私は同行しているその女性に、観えたものの話をし、先祖は刺されたのですかと聞きました。それをきっかけにいろいろと話すうち、彼女は高知城の近くの出身で、坂本龍馬が大好きだという話になりました。

　高知城に行くと、私は男性の霊に憑依されてしまいました。息が苦しくなり、歩くのもやっとになりましたが、「あなたは誰ですか」と聞くと、坂本龍馬だと名乗ります。そこで神様の力を借り、レイラ・ヒーリングを行ったところ、彼はすっかり元気になりました。本来の、天真爛漫な若々しい彼に戻っていたようです。

　翌日、岩崎弥太郎の生家の近くや砂浜を見ながら電車で移動していると、坂本龍馬の魂は、あの世からいろんなことを言って案内してくれました。坂本龍馬の死の真相は、イギリス、グラバー公爵から資金を狙われての暗殺のようです。

　坂本龍馬は、自分の霊魂エネルギー体が修復され、救われた事に歓喜し、感動してくれました。日本の未来を応援するパワーが全開し、動き出したのです。

　霊的エネルギーは、力を結集し始めました。幕末の立役者たちの若者のエネルギーが、神霊界で結集し、動き出し始めたのです。中でも吉田松陰は、あの世から救われて魂がキラキラと光り輝き、魂がやる気に満ち、情熱を持って動ける事を伝えてきました。松下村塾のメンバーたちも、崇高な吉田松陰の覚醒と共に世界へ飛び出そうというエネルギーに満ちていました。

その後彼らの魂たちは、吉田松陰の魂が転生した男性の指導するセミナーに導かれました。

この指導者は自分自身でもある吉田松陰を崇拝しており、松下村塾のように人を導くことに情熱を燃やしていました。受講生の一人と親しくなると、その受講生は毎日朝まで眠れなくなったそうです。何か自分の中に黒い闇があると感じるというのです。

そこでレイラ・ヒーリングをすると、喉や肺に真っ黒な霊エネルギーが現れました。高杉晋作とその仲間たちです。早速、神様のお力を借りてレイラ・ヒーリングを行い、坂本龍馬と同時代を生きた幕末の志士たちの魂を浄化・救済しました。

孝明天皇による幕末を生きた魂の大浄化

私の浄化・救済の旅は明治という時代の変革期に突入していきます。開国に反対する孝明天皇は36歳と言う若さで崩御されました。

孝明天皇は神とつながり、霊界で続く新政府軍と幕府の対立を解くべく、神霊界で働きだしていました。伊藤博文公の霊魂とかなり長く話したようで、ようやく伊藤博文公が孝明天皇に深く懺悔と謝罪している姿が見えました。彼は、自分が死んでから、霊界裁判にかかり、いろいろ苦悩していたことを告白しました。

孝明天皇は、「お前を許したくはない。しかし日本の未来のために許す」と涙ながらに話している姿が見えました。孝明天皇は伊藤博文公と和解されました。孝明天皇とご子息の、二人の遺体が並んでいる姿がリーディングされました。孝明天皇はあえて死の真相には触れませんが、伊藤博文公と岩倉具視の策略があったかのかもしれません。

明治維新の浄化で、岩倉具視が転生した方もやってきました。背中と肩に犠牲になった真っ黒な霊魂がのっていました。私は岩倉具視の魂に、心から神様に懺悔するようにお伝えしました。

しかし、先祖が松平容保側の私とは対立関係にあるので、岩倉具視はこの浄化仕事がうまくいくはずがないと、冷ややかに見ていました。しかし最近ようやく、神様に懺悔するように変わってきました。

明治維新以降、外国からの大きな誘惑と資金が、若者たちの心を動かしていたことは言うまでもありません。幕末の戦いは内戦ではなく、いずれ始まる世界大戦の幕開けに過ぎなかったのです。

まさに大化改新にまつわるような出来事、つまり古代日本とシンクロニシティを起こしているような象徴的な出来事が、近代日本に起きたと言えます。それが、海外からの日本侵略なのです。

古代より神は、もっと大きな存在である宇宙神より未来の預言を受け取っていたのではないかと予想します。

孝明天皇の魂は、日本国を守るべく仕えてくれた松平容保を動かし、戊辰戦争を起こしたのです。日本でこれだけの文明が発達するためには、通らなければならない道だったかもしれません。宇宙神にはいずれ来る第一次世界大戦、第二次世界大戦や原爆と、小国である日本が世界の戦争にかり出されていく姿が、観えていました。

しかし、肉体のない神霊界には止める手段はありません。

古代日本から続く壮絶な争いの中で因縁ある人たちが救われようと、次々と神様のもとにやってきました。その霊魂たちが導かれ、救われ、悟りを開くと現在の現実が変わっていきます。

人の運命を動かす力の中に、神の力が背後に大きく影響していることは事実なのです。

第2章

前世の記憶が引き起こす現世の問題

魂の救済を阻む「六道輪廻」の法則

私の元へは、前世により運命を狂わされた人たちが、神様から次々と送り込まれてきます。魂をリーディングすると、前世は歴史に名を残す因縁ある人たちばかりです。魂が何度も転生する中で、カルマを重ねているのです。

神様は、根底から運命を変える究極のメソッドを創造しています。そして、魂の世界の対立を解き放ち、今生に転生した人たちに、人生を自分らしく生きる喜びと、未来を創造する力を与えようと動いています。

まさに、一人一人の霊的世界の扉を開き、魂を浄化と救済へ導く秘法を開発したといえます。因果応報のカルマも魂の輪廻転生が鍵を握っています。人間の運命を狂わす原因には日本の霊界、魂の統治された独特の文化が根付いた歴史的な要因があるのです。

魂の世界は、あなたの過去の人生経験とつながっていますが、潜在意識と集合無意識ともつながっていて、アカシックの情報として取り込まれます。

現代の日本には、心身症、うつ病、ニート、10年以上の引きこもり、非婚、不妊などのお悩みを持つ方が数多くいます。

「人は年老いたら病気になるものだ、病気は自分が蒔いた種で生活習慣だ」と思われていますが、神様のヒーリングを行うと、原因が全く違うことがわかります。非婚、不妊、少子化は社会や環境が招いた現象だと思われていますが、魂が輪廻転生し、過去世の呪縛から解き放たれないからこそ起こっている「現象」なのです。目に見えない世界からの波動が運命の狂いを引き起こし、求め願っても幸せになれない「運命ブロックのエネルギー」を生じさせているせいなのです。

海外では、引き寄せの法則など、瞑想や様々な自己改革の方法がたくさん出ていますが、どれを試しても結果が出ないという人が多くいます。世界中の人たちはそれらによって幸せになっているのに、私たち日本人にはなぜ通用しないのでしょうか。その原因は、実は歴史の中にあるのです。

日本人は、歴史の中で最初に起きた宗教クーデター、大化の改新によって、神仏習合が見られるようになりました。そこから、天智天皇の神と仏教による六道輪廻が深く影響しているのです。そしてそこには、日本の封建的な階級制度が大きく横たわっています。身分の高いものが成仏しなければ低いものは成仏できないのです。

昔は、人間（ここでは日本人）は平等ではありませんでした。戦国時代は城持ちの城主によって村社会が統治されていたが故に、領土争いや落城などにより、この世を離れた魂は集合体で六道輪廻の中に閉じ込められています。

その魂が現世とパラレルの関係にあって、シンクロ現象を起こしているのです。だからせっかく生まれたにもかかわらず、前世が体験した出来事や想念によって、自分らしい人生を切り開くことができないのです。

六道輪廻は解脱といって、悟りを開かないとその苦行からは解放されないといわれています。六道輪廻というのは、言うなれば命を授けられた時代を、どのように生きたか、どのように死んだか。それによって、六道輪廻のどの世界に行くのかが決まるのです。人間は業が深く、悟りを開くことが、因果応報のカルマから解脱する重要な鍵を握っています。

六道輪廻は以下の六つの世界から成り立っています。

天上界　喜びと幸福に満ちた世界、過去の善業の結果
人間界　喜びと悲しみ、成功と失敗が混在する世界、様々な感情をもつ
修羅界　戦いと競争に満ちた世界、常に不安と恐れをもつ
畜生界　無知と本能に支配された世界
餓鬼界　常に飢えと渇きに苦しむ世界、過去の貪欲の結果
地獄界　苦しみと悲しみに満ちた世界、過去の悪業の結果、苦痛

六道輪廻の一つ一つには門番がいて自由に階層を行き来することはできません。

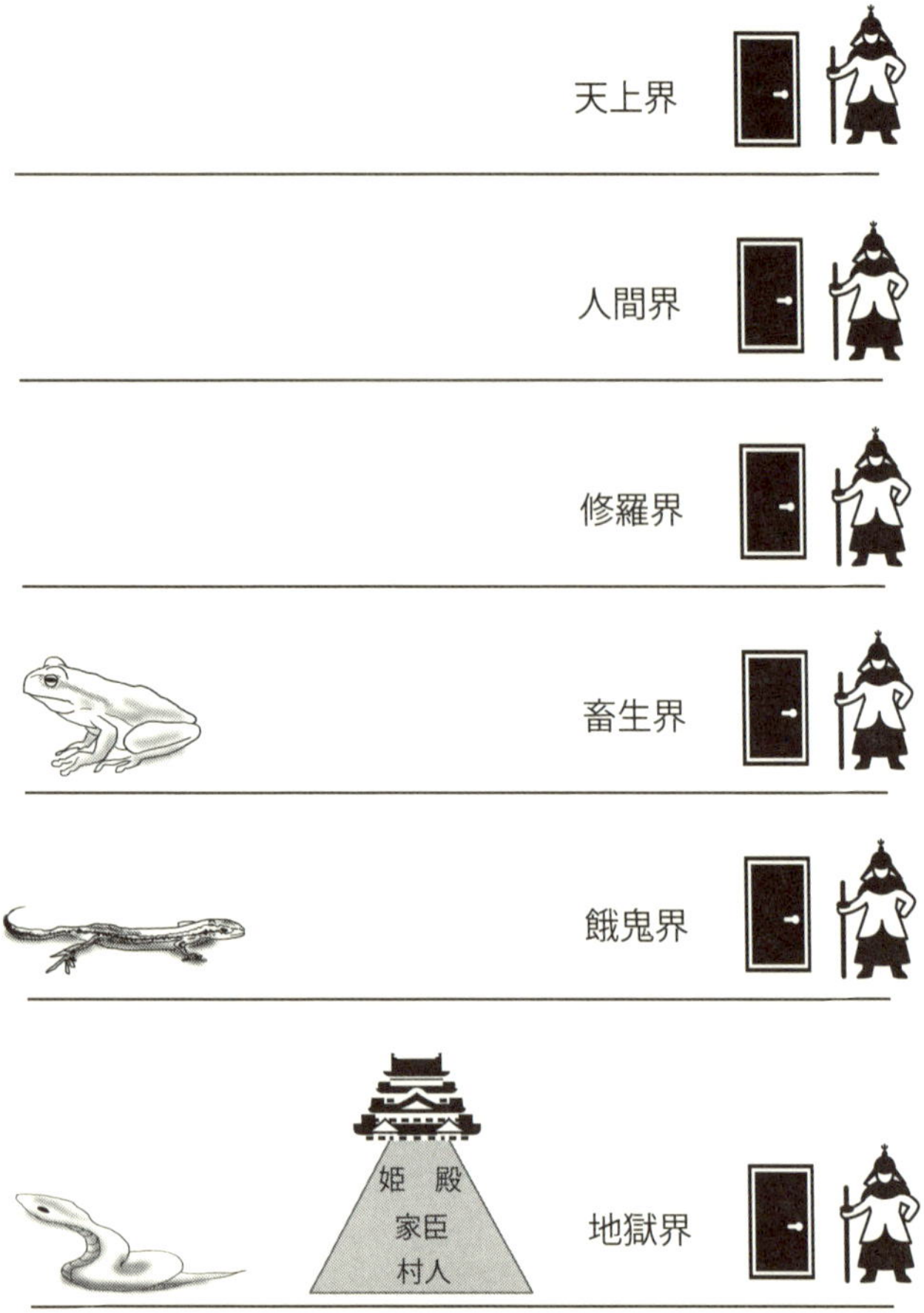

落城されると集合体となり
地獄界へ行く

六道輪廻

ですから神様の光をいただき、悟りを開き、神様と契約を交わします。自分たちが犯した罪穢れを洗い清めるために神様の手足となって働くことの書状を何枚も書くことになります。

石田三成や真田幸村なども御霊が救われるために何万枚もの書状を書いていいます。それは、人間は平等であるはずなのに家臣を使って領土争いをし、多くの人が殺し合い、血を流したからです。

六道輪廻から魂を救済するレイラ・ヒーリング

魂が浄化されると光がすべて天界に昇華され、千手観音菩薩様が大いなる宇宙神の身元へと導いてくださいます。すると、魂が天に上がったという証拠の品が人間に届けられるのです。それは、うつ病だった方が元気になって社会復帰したり、ニートだった息子さんが働き始めたり、精神病をわずらっていたお嬢さんが幸せな結婚をされたり、はっきりとわかりやすい形で現われます。このような「魂が成仏した証拠」を必ず神霊界が届けてくれます。

レイラ・ヒーリングは、過去世の恨みなどでとらわれてしまう六道輪廻の仏教の魂システムと、個々人のマトリックス的に構成された小宇宙（P73参照）を活用したヒーリング・メソッドです。チャクラを通したエネルギー回路を通じて魂の世界へ入り込み、浄化救済していくのです。

それにはまず、日本の上層部である過去世で城持ちの城主だったり、その妻や息子や娘だったりと、歴史上に名を残しているような、権力を持っていた魂を先に浄化します。ヒーリングによって、上層部の魂が浄化されれば、その下にいた村人などの魂も大いなる宇宙神の力で浄化されるからです。

一度に500体、1000体と天に導かれ、成仏していきます。これは、地球全体のアセンション活動につながります。

六道輪廻の三悪道は餓鬼界、畜生界、地獄界といい、そこに魂がいると、その世界の中をずっと彷徨《さまよ》うことになり、本当に苦しいカルマが続くのです。そうし

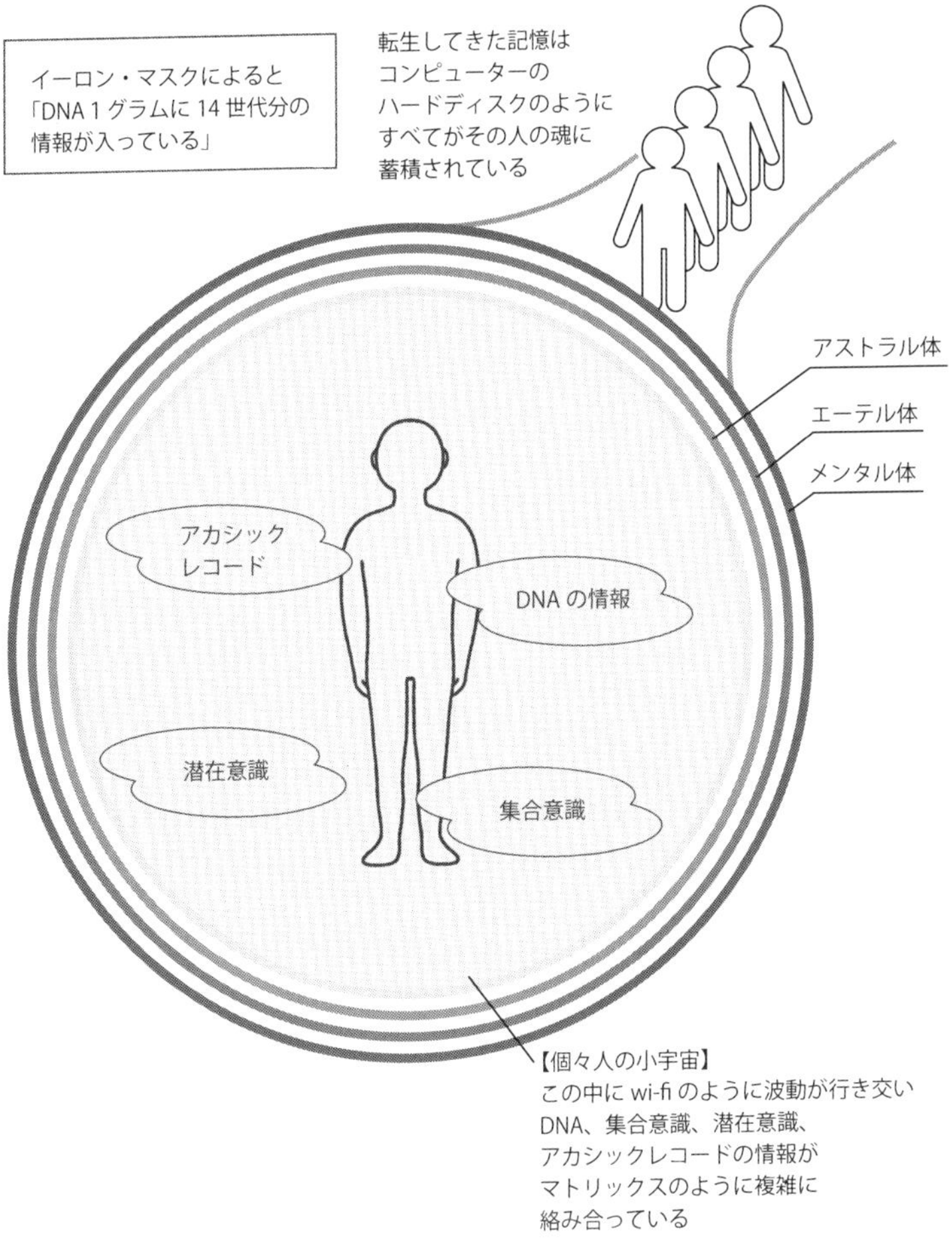
イーロン・マスクによると
「DNA 1 グラムに 14 世代分の
情報が入っている」
転生してきた記憶は
コンピューターの
ハードディスクのように
すべてがその人の魂に
蓄積されている
アストラル体
エーテル体
メンタル体
アカシック
レコード
DNA の情報
潜在意識
集合意識
【個々人の小宇宙】
この中に wi-fi のように波動が行き交い
DNA、集合意識、潜在意識、
アカシックレコードの情報が
マトリックスのように複雑に
絡み合っている

マトリックスの小宇宙

た過去世の影響を受けると、現世で本人がいくら幸せになりたいと願っていても、過去世から来る霊体の記憶の伝達のせいで、魂が閉じ込められていて、自分の努力だけでは幸せになれないのです。

これまで、そういう方々を山ほど見てきました。そうすると、皆さん、だんだんと幸せになることを諦めてしまうのです。なぜなら、「考え方を変えなさい」「生き方を変えなさい」「カウンセリングしましょう」「開運ツアーに行きましょう」などと言われても、うまく自分を変えることができないばかりか、潜在意識のエネルギーが阻んでいて、運命にブロックがかけられているからです。自分の過去世の霊魂がいまだに餓鬼界、畜生界、地獄界の三悪道に囚われていたら、いつまでもそこに引っ張られてしまうので、解放されないのです。

レイラ・ヒーリングでは、そこにスポットライトを当てて、一気に浄化していくため、他のヒーリングで20回以上ヒーリングをしても、一向に収まらなかった症状が1回で収まったということも多々あります。

それではここからは、具体的にクライアントの方々が、どのようにして因縁から解放され、幸せになっていかれているかをご紹介していきましょう。

毛利元就の魂が兄弟を引きこもりに

統合失調症で20年以上も働かず引きこもっていた兄弟がいます。母親が魂の世界に目覚め、神霊界の浄化に取り組むことになりました。私がヒーリングをすると、無数の霊魂が恐ろしい大トカゲに変えられ、餓鬼界に封印されているのが観えました。その数は、数百体はあったかと記憶しています。

引きこもり兄弟の両親の魂は、毛利元就と、関ケ原の合戦で輝元を動かさなかった中の丸でした。兄弟は、元就の長男と家臣の転生でした。

私のもとに神様が魂の世界を解放するように送り込んできたのだと、理解するのにそう時間はかかりませんでした。肉眼では見えない六道輪廻の世界で、神様と一緒に救済しましたが、そこでは魂が黒蛇やトカゲ、カエルに変えられているのですから、人間らしい幸せを求める考えはできなくて当然なのです。

広島のお宅に行ったときは、墓は荒れ、母親の目はトカゲのようでした。そこについていた荒神のような大トカゲは10メートルぐらいあり、前世を浄化するために広島の郡山城に行った際には、雨嵐が吹き荒れ、門の中は暗い闇に包まれていました。それが、浄化が終わると晴天に変わりました。

４００年以上も経っているのに、家族にこのような不幸が押し寄せていたのですから、魂はよっぽど神様に救われたかったに違いありません。

浄化後は、兄弟の引きこもりも改善して、長男は43歳で初就職し、弟も働きだしました。暗黒のような状態であった家族に、明るい未来の扉が開いたのです。

このように、せっかく生まれた子どもに自殺願望がある、登校拒否、引きこもりなどの問題は、戦国時代の大きな代償と、六道輪廻という魂の世界とが深くかかわっていることがあるのです。

藤原女帝　現世に続く古代天皇の后争い

２０１５年に藤原鎌足の転生した男性Ｂさんが、紹介でサロンに導かれて来ました。彼は若い頃、日本の事業家の金庫番などをしてビルを持つほどの資産家でしたが、大きな負債を背負い、ビジネスの世界で窮地に陥っていました。「大きな事業で成功したい」と望んでいましたが、次々と襲い掛かる障害との闘いを余儀なくされていたのです。

そんな彼の魂の世界からの告白は、次の通りでした。

「何度この世に生まれ変わっても、貧乏のどん底に落とされる運命だ。神様と取引したい。運命を変え、神の黄金の世界へ戻りたい。そのためなら何でもする」

そう言いながらＢさんの肉体に転生した藤原鎌足の魂は、神様へとつながる扉を叩きました。彼のいる世界は泥沼、扉の向こうは黄金の光の世界……。そして、私が手掛けている魂の浄化を手伝う代わりに、それを終えた暁には、黄金の世界へ戻るという取引を、神様としたのでした。

私自身、この頃から古代天皇家で起きていた后争いや後継者争いが、時代を越えて魂が生まれ変わり、また同じことを続けていることがはっきりとわかっていました。

この時、私の周辺には古代天皇の一族と鳥羽天皇の皇后である美福門院、鳥羽上皇の寵姫玉藻前《たまものまえ》の生まれ変わりが勢ぞろいしていました。とくに藤原姓を名乗る渡来人だった藤原女帝の魂たちは、この日本で転生を繰り返し、戦国時代を生き抜き、天下を取ろうといまだに競い合っています。そして今世では、自分自身とその子どもに不吉な陰を落としているのです。

権力欲しさに転生を繰り返す女帝たちの魂に対し、男性の魂は「勝てない」と思うのか、魂の世界で神様に自分が犯した罪を懺悔し、赦《ゆる》しを乞う書状を何万枚も書いています。藤原鎌足の魂もその一人でした。

そうすることにより、自分の魂が転生した新たな生命体（この場合はBさん）に霊的障りが起きている事実を認め、六道輪廻で統治されている魂の世界によって、現世にうつ、ニート、引きこもり、そして統合失調症などの精神病、家督争いによる悲劇から非婚、不妊など、多くの霊障を引き起こしていることを懺悔し、多くの魂の救済を手伝ってくれているのです。

大化の改新にまつわる魂の浄化がもたらした奇跡

ある時、グループでレイラ・メディテーションを受けた方々がいました。その中にとても個性的な30代のビジネスセミナー講師、Tさんがいました。

Tさんはメディテーションから受ける初めての感覚に驚きました。「子ども時代はいじめにもあったし、たくさんのスピリチュアルな先生にみてもらったから、もうスピリチュアルは卒業してビジネスに集中したい」とおっしゃっていました。

それが、メディテーションを受けた直後に、突然３００万円の仕事が向こうから舞い込んできたというのです。

「これは『レイラ・ヒーリングを受けてみなさい』という、何かのご通知かな」と言って、彼はご自身の浄化に取り組むこととなりました。私は、彼の父親が50代で亡くなっていることを聞きました。彼はとても優秀な方で、まず先祖の浄化である、タイムカプセル・ヒーリングに取り組みました。

Tさん自身が村上天皇（平安時代の日本における第62代天皇）の流れをくむ子孫でないかと直感し、私の脳内の映写機を通して、お父様と彼がたくさんの人を使って墨をすりながら、古代の神様の書を書いている姿が観えました。彼らは書官だったのです。ところが、それが大化の改新で起きた火事で燃えてしまいました。歴史に残る大化の改新にまつわる事件がリーディングされた瞬間でもありました。

その後、Tさんは変革していく心のうちに、湧き上がる想いを話し出しました。

「私は将来、教祖になりたい。ビジネスとしてではなく、多くの人を本当の意味で救いたい」

すると、彼は過去世ではインドで修行し、いくつか経典も書いた修行僧であり、晩年は教祖としてガンジス川の近くで多くの人を救済している姿がリーディングされました。

Tさんは自分の妻を心から愛しく思い、日々愛しさが増すのだけれど、妻と自分の間には何か壁があるような、何かに妻との関係を阻まれている感じがすると言います。そこで夫婦の魂の縁をリーディングしたところ、源平合戦で引き裂かれた夫婦のカルマが出てきました。

Tさんの別の過去世では公家出身でありながら源頼朝に仕え、仏を信仰していました。しかし、妻は源義経に捉えられた安徳天皇の側近でした。彼はその過去世で妻と婚約し、夫婦となる生活を夢見ていましたが、離別の運命に導かれてしまったのです。許嫁を救えなかったことに耐え切れず、食事も喉を通らなくなってやせ細り、苦悩する孤独な姿が観えました。このことを伝えると、現在の彼自身も泣いていました。

痩せ衰えて亡くなった後、宗教に疑問を抱いた彼の魂が輪廻転生したのが、インドの修行僧で、このときは教祖になって悟りを開くことができました。

3回の前世体験のセッションで、彼の魂は妻の魂と夫婦として添い遂げ、愛し合いたいと渇望していたことを思い出したのでした。「教祖になって真の意味で人々を救いたい」という思いが湧いてきたのも、前世からの記憶が関係していたのです。

レイラ・ヒーリングで、妻の魂のカルマも浄化したところ、その日の夜から妻は何か殻を破ったかのように優しくなり、夫婦の間にあった溝が消え、長年願い続けた心の通い合う夫婦愛が蘇ったのでした。また彼自身も、周囲から「覚醒した」「次元上昇した」などと言われるそうです。

その後、彼は魂がステージを上げたことを証明するかのように、わずか3カ月で数千万円の売上を上げ、ビジネスコンサルタントとして人々を導くという道が開けていきました。

１３００年前の魂を救済する
～広島の小島で起きた奇跡

ある会で出会った女性、Ｈさんは、不思議なオーラを放っていました。神様の話をすると、あまりにも不運が続いてご自身もうつ病を患ったことから、「運命を変えたい！」と望み、覚悟を決めて私のサロンにいらしたのです。

Ｈさんは子ども時代から霊能力があり、「亡くなった祖父と毎日お話ししていました。でも恐すぎてこの力を使えなかったんです」と言いました。

レイラ・メディテーションを行うと、彼女の体は熱を帯び、光が見えたようで、浄化に取り組むことを改めて決意されました。

Ｈさんの依頼は、自分が生まれ育った島の家族を元気にしてほしいとのことでしたので、一緒に広島県の小島へ行きました。ここは坂本龍馬が懇意にしていた島で、村上天皇に関係しており、元は遣隋使、遣唐使の港として栄えたという歴史もあります。

Hさんの母親は歩行困難、叔父は車ごと海に転落した事故の後遺症、甥は脳梗塞を患い、その妻は子宝に恵まれずにいました。

家族でメディテーションを受けていただくうちに、母親は杖なしで元気よく歩けるようになりました。腕の上がらなかった叔父の腕が上がるようになり、「ご飯も上手に食べられなくて辛かった。嬉しい」と喜んでくださいました。また、脳梗塞の甥もバイクで買い物に行けるほどになり、みんなが笑顔になりました。その後も体調は回復したまま、元気に過ごされています。

一連の不運の原因は、彼女が過去世において島の神社の祈禱師だったからだと、神様から告げられました。同時に、島の浄化と魂の救済を言い渡されたのです。１３００年ほど前、小島周辺では海賊に襲われた遣隋使、遣唐使の船がたくさん海に沈んでいました。この時に亡くなった方々の魂が５００体以上もいて、その魂を救済するようにというミッションを、神様より課せられたのです。

黒い布に干物の目刺しを3尾置き、そこに海から引き上げた霊魂をのせ、布に包んで持ち帰るようにと、神様からの知らせがありました。教えられるままに海底に沈んだ霊魂を成仏に導くと、その年は春に獲れるはずのイワシの稚魚（チリメンジャコになる）が秋に大量に獲れたり、春近くになると鯛が１２００kgも釣れたのです。

あまりの豊漁に島の人々も驚き、さばききれないほどの大漁の鯛に、Hさん一族は「浄化と救済が無事に済んだことを示す、証拠の品々が霊界から送られてきました！」と喜んでいました。

また前世をリーディングすると、夫婦、親子が過去世のカルマを解消する縁だったことがわかり、それまでは背中合わせで口もきかなかった夫婦仲が改善しました。家庭内別居のような状況が一転し、夫婦で笑い合い、協力し合うように変わったのです。うつ病の原因もわかり、今では未来に目標や夢を持ち、前向きな思考で毎日を楽しく過ごされています。

古代天皇との結婚に憧れて渡来した女性の魂の救済

先日、また別の広島の女性Kさんから、個別相談の申し込みがありました。YouTubeを見て、連絡をくださったのです。Kさんは子宮頸がんを患っており、病院へ行っても処置するだけで、体重がどんどん落ちているとのことでした。

「将来がとても不安なんです」とおっしゃっていましたが、よくよく聞いてみると、彼女の病気の問題だけではなく、家族中に負の波動が伝達され、ネガティブな連鎖反応が起きていることがわかりました。

Kさんご夫婦の両親とも熱心に信仰を持ち、先祖供養もしてきたとのことでしたが、実は恐ろしいエネルギーが、家族の運命を狂わせていたのです。

さっそくオンラインでメディテーションを受けていただきながら、浄化に取り組むこととなりました。

すぐに広島を訪れる機会に恵まれ、Ｋさんと娘さんからもお話を伺いました。すると、Ｋさんの父は小島の生まれでしたが、父方の先祖の病気を母が受け、49歳で若死され、奇異に思っていたと言うのです。また、Ｋさんの妹は精神的に不安定でうつから拒食症になり、餓死され、Ｋさんの娘さんも精神的不安感から摂食障害のような症状が現れているというのです。娘さんは「自分ではない人間にコントロールされている感じでおかしくなる」と言っていました。

Ｋさんの夫の兄も統合失調症で不可解な亡くなり方をしています。また、昨年は夫の両親がいつも通っている道でカーブを曲がりきれず、車の転落事故を起こしました。３日間も消息不明のままで、発見された際に義父は生きていたものの、義母は即死だったことが判明しました。

家族中に起きている不運の連鎖の原因をリーディングするために、まずＫさんの義母をヒーリングすると、まだ事故現場に霊魂がいると伝えられました。首の骨を折って亡くなっていたのですが、癒しのエネルギーで修復すると「光がみえて、そのまま転落した」と教えてくれました。お墓に霊魂をお連れすると、お墓の中で地獄界に落ちた先祖の霊魂が、黒蛇になっているのが観えたのです。

娘さんのヒーリングに入る前に、次のようなこともわかりました。Kさんの夫の兄は統合失調症を患う中、線路に立ち入って自殺のような形で亡くなられていましたが、その魂の光に呼ばれ、父母の転落事故が起きていたのでした。私はすぐに、お兄様の霊魂を救済し、その後で娘さんにタイムカプセル・ヒーリングを施しました。その方のハイヤーセルフやスピリチュアルガイドを呼び、魂の救済を手伝ってもらうという手法を取りました。

さらにKさんがヒーリングを受けていくと、Kさんと娘さんがそろって腹痛に悩まされ、食事もとれずに激やせしてしまい、息も苦しいと言うのです。

こうした症状が1週間以上続いたようですが、遠隔ヒーリングで娘さんを回復させることができました。その後、娘さんに東京のサロンまで来ていただきました。すると神様から「ケロリと嘘のようによくなる」とお告げがあったのです。

その中で、Ｋさんの妹が餓死した原因にアクセスしました。すると、１３００年前に韓国から日本の天皇家に嫁ぐという約束で渡ってきた若い女性が出てきたのです。彼女は聡明で純粋な魂で、天皇家に嫁ぐにふさわしい、初々しく天女のような女性でした。ところがいざ日本にやってきて、自分にあてがわれた住処に入ると、そこは藤原性を名乗る女性たちがそれぞれ家を持ち、熾烈な后争いが繰り広げられている集落のような場所でした。

韓国からやってきたその女性は、ショックのあまり食事も喉を通らず、日に日にやせ細り、とうとう亡くなってしまったのです。ほぼ自殺したも同然の状態で、彼女の魂は出口のない奈落の底に陥っていたのです。その時の「食べられない」という記憶がＫさん、妹、娘さんに出ていたのです。

その女性の霊魂が天国に導かれると同時に、広島にいるＫさんも食事が取れるようになりました。「体から生きるパワーが湧いてくるようだわ」と、元気に回復していったのです。娘さんもご自身の内側から希望が湧いてきて、以前のような不安や苦悩はまったく消えたと言いました。

さらに家族の浄化が進むと、Ｋさんの家は村上天皇に関係しており、ご主人の先祖がその家臣の一族であったことも判明しました。Ｋさん一家にまつわる魂が癒され、天に昇っていったことで、村上水軍と海賊との争いで亡くなった、おびただしい数の霊魂も成仏することができました。

その後、Ｋさん母娘はもともと興味のあった韓国語を習得し、娘さんは韓国への一人旅にもよく行かれているそうです。なぜかわからないけれど韓国が好きで、韓国語の響きを聴いていると落ち着くと語られていました。韓国から渡来した后候補だった女性の魂の記憶からの伝達は、１０００年以上の時を越えて現代のＫさん母娘に伝わり、郷愁となって彼女たちの中に湧き上がっていたのかもしれません。

その後、家族で上京された折にご主人にもお会いすると、過去世は古代天皇の一人で、藤原女帝との婚姻に苦悩し、女帝たちの呪いから家族が崩壊し、僧侶に相談して早世する姿が観えました。彼の魂も浄化され救済されました。様々な波乱の中、家族はこのカルマを受け入れ、今ではすっかり根本原因が解決されて、家族でお互いにヒーリングをし合い、未来への、明るい希望に満ちた生活をされています。

沖縄のルーツを紐解き、王族の浄化と救済、病気から生還した女性の奇跡体験

２０１９年10月30日、沖縄の首里城が焼ける前日に、私はあるご家族とともに、駿河湾にある具志頭《ぐしちゃん》王子《おうじ》朝盛《ちょうせい》（琉球王国第二尚《しょう》氏王統の摂政）のお墓で供養を執り行いました。

始まりは、１本の電話からでした。

「部下の奥さんの具合が悪く、入院してしまったのでみてほしい」

私はすぐお名前をお聞きして、遠隔リーディングをしました。その時の手ごたえから、「私しか治せないと思います」とお伝えしました。

その後、奥様が入院しているという病院へ出向きました。夏から原因不明の赤い湿疹と発熱が収まらずに入院されていたのですが、ご主人は医師から次のような宣告を受けたというのです。

「奥様は難病です。このままだと処方する薬はステロイド剤しかなく、いずれ車椅子生活になってしまうでしょう」

当時のご家族は、ご主人以外に育ち盛りの長男と二卵性の双子がおり、まだまだ元気な母親が必要な状況でした。そこで、すぐに私は奥様からご自身の家系について尋ねました。するとお父様は沖縄出身、お母様は新潟から嫁いでいたことがわかりました。

さらにリーディングを進めると、400年ほど前、島津藩が琉球王国を攻めて、江戸幕府の支配下に置き、その時代の戦乱で亡くなった霊魂が500体ほど、奥様にすがりつき、取り憑いていることがわかりました。

奥様のお父様に「琉球王族の流れを汲む家系です」とお伝えすると、「そんなはずはない」と一蹴されてしまいました。けれど、一刻の猶予もない状態だったので、こう伝えました。

「お願いします。調べてください。徳川幕府と琉球王国の争いから幕府の支配下になり、その時の戦乱で亡くなった霊魂が多数すがってきているのです」

大学教授でもあったお父様は、にわかには信じがたいというふうでしたが、家系をたどり、調べてくださいました。するとやはり、駿河湾で亡くなった具志頭王子朝盛の子孫であることが判明したのです。一族に対して、おびただしい数の霊魂が救いを求めてきており、奥様に「病気」という形で出ていたのでした。

もともと奥様には原因不明の腰痛などがあり、つねに体調が思わしくなかったのだそうです。それが3人の子どもの出産によって免疫力が低下したため、病気という症状として現れたのでした。

一方、ご主人の家系は徳川一族の城持ちの城主でした。そうしたことをお伝えしても、最初は「信じられない」と取り合ってもらえなかったのですが、奥様が難病になり、現代医学では完治しないと宣告され、事態は深刻化していました。

その結果、家族会議が行われ、浄化に踏み切ることになりました。

すると、２カ月後の秋に奥様は退院できるまでに回復し、無事に職場復帰も果たしました。これに驚いたのは医師でした。「テレビに出てほしい」とまで言われたそうです。

このような出来事に至った４００年前、何が起きていたのでしょうか？　リーディングで観えてきたのは、徳川との交渉のために、琉球から駿河湾を訪れた若い王子でした。けれども彼はその地で亡くなってしまったのです。

この王子の魂を慰めるために、冒頭でご紹介したように、家族みんなで具志頭王子のお墓参りに出向き、供養を執り行いました。青く澄み切った空と駿河湾の美しい光景、笑顔で走り回る子どもたち――幸せな家族の思い出となる一日でした。その翌日、テレビのニュースで首里城が焼けたことが放映されたのです。これは本当に偶然の出来事だったのでしょうか……。

琉球王族を取り巻く様々な因縁が昇華した「証拠」だったとしたら、恐ろしい話です。

その後もこのご家族は遠隔ヒーリングやレイラ・メディテーションを受け、それぞれのチャクラを調整し、家族全員が健康に幸せに過ごされています。

織田信長の家系につながる魂の救済

織田信長の家系も、兄弟で家督争いをした結果、その犠牲になった家臣諸霊を引き連れて、六道輪廻の世界に閉じ込められていました。それらを解き放つべくヒーリングをしていると織田信長の母親、弟の一族、息子や娘の徳姫、森蘭丸など、魂が転生した人々が次々と導かれてきたため、彼らの波乱の運命をすべて浄化していきました。

その中にはお市の方が転生した女性Yさんもいました。彼女は夫と３人の息子と暮らしていました。そして、夫は柴田勝家、長男は石田三成の家臣、次男は豊臣秀頼、三男は結城秀康が転生した魂であることが判明し、次男は中学の頃から大分の精神病院に入院しているとのことでした。

そこで、遠隔でレイラ・ヒーリングを行うと、秀頼の魂が動き出したようで、次男が病院から自宅に戻ってきたというのです。秀頼の転生した魂からは、豊臣秀吉が築いた豪華絢爛な時代をリーディングすることもできました。

Yさんは自分の運命を変えるべく、歴史を調べながら、3人の息子たちのためにも必死で浄化に取り組まれました。そのかいあって魂が救済されると、Yさん一家は家族全員が現世の人間の意識体に戻り、今では皆さん幸せに暮らしておられます。

石田三成の魂が小早川秀秋の生まれ変わりを救う

石田三成の坂本城の出だった家臣一族の中、Sさんという女性は小早川秀秋の生まれ変わりでした。Sさんは37歳でレイラ・メディテーションに導かれ、先祖から「結婚するように」と再三伝えられていました。

39歳で結婚する運びとなりましたが、歯の治療から全身にしびれが出るようになり、医者からは難病であることを宣告されてしまったのです。薬を服用することになったら、妊娠は諦めるしかないという状況でした。

そこで私がリーディングすると、なんとあの世から淀殿の霊魂が、真っ赤な色の豪華な着物姿で大きな刀を引きずりながら、小早川秀秋の頭を打ち砕こうと呪いをかけていたのです。

驚いた私は、あの世から石田三成を呼びました。以前、静岡で石田三成の母親の転生した魂を浄化し、石田三成を救済していたからです。

心から石田三成を信頼していたのでしょう。彼が来ると、淀殿の魂は愛の光に包まれて真っ白な白鳥に姿を変え、石田三成に寄り添い、ともに天国へと上がっていきました。

その後、Sさんは2回の不妊治療の末、見事に妊娠し、3700gもある玉のような女の子を43歳で出産したのです。この女の子は、男の子のように元気がよくてたくましく、その魂は織田信長公の家臣が転生したものでした。

また主人の魂は、信長公の家臣だったこともわかりました。二人は前世も夫婦の縁で、大きなカルマが横たわっており、それを浄化するために娘さんが生まれたのです。そこには魂の成長と学びが、しっかりと仕組まれていました。

気がつくと信長公の働きにより、戦国時代の関係者が次々と魂の浄化と救済に導かれていったのです。

いまだ続く、徳川家康と豊臣秀吉の戦い

歴史を動かした二人の大きな武将、ここには壮絶な人間たちの争いと思惑があ

りました。それが、現生の転生した人たちに大きなカルマの影響を及ぼしていました。

秀吉は、豊臣を守るためにお江（私の前世）を秀忠に嫁がせましたが、今生の秀忠（私の魂のツインレイ）は千姫の転生と結婚しています。しかし、奥さんが身ごもるという幸福の絶頂でがんを患い、男の子を産むとすぐに亡くなるなどと、人生の奈落に堕とされていました。

お江の魂は神様とつながり、浄化救済の仕事に明け暮れますが、秀吉は次々と豊臣の家臣軍団を送り込んで来ました。霊界と現実世界での戦いです。伊達政宗、真田幸村、前田利家、長曾我部、黒田官兵衛と、尽きることのない人間にもたらされる霊現象の浄化救済です。

大阪夏の陣の後で、千姫が嫁ぐことになった姫路城の本田忠刻が転生した男性は、今生、ブランドの輸入業で大成功しました。ところが、一族に次々と不運が起き、後継者問題などをきっかけに、紹介でレイラ・ヒーリングに導かれました。するると、戦乱の世の魂もさらにその前世のカルマが横たわっており、そこには脈々と、輪廻転生しても無限に続くカルマの想念の争いが続いていたのです。

しかし、神様は秀吉の怨念も利用しながら、六道輪廻のカルマの清算に乗り出し、霊界はどんどん綺麗に浄化されてきました。すると、一番の根本原因である古代天皇と渡来人による婚姻の呪いが、現代の人々の、孤独、非婚、不妊の原因となっていることがわかってきたのです。

そして、とうとう日本古来の古代天皇の呪いもすべて解け、神様がいよいよ多くの人たちに波及するヒーリングを拡げるとおっしゃいました。『日月神示』で語られたとおり、日本人は、たった一人の魂が磨かれると1000人に波及します。これはまさに神武天皇率いる大いなる宇宙神が開発した「ハイパーテクノロジーヒーリング」ではないかと思います。

地獄界へ落ちていた細川ガラシャ

私が行う魂の浄化と救済のプロジェクトで壮絶なドラマが始まったのは、細川ガラシャの魂が出現してからでした。

当時は、長崎からやってきた女性Wさんのヒーリングを行っていました。Wさんの父親は熊本県天草のご出身でしたが、自死されたとのことでした。

Wさんにヒーリングを行っていると、私の体全身にびっしりと蜂が取りついたかのように、真っ黒になってしまいました。すると、「このままではレイラさんが死んでしまう」というメッセージがWさんの父親の霊魂から送られてきました。なんとその蜂の大群は、細川ガラシャにまつわる５００体以上の霊魂だったのです。

真っ赤で豪華絢爛な着物をまとった細川ガラシャの魂が私に憑依し、私は3時間くらいガラシャがいる霊界に留まっていたのですが、そこは六道輪廻の地獄界だったのです。

そのとき、ガラシャはこう言いました。

「私はキリスト教を信仰し、イエス様を信じていたのに、なぜ地獄界に落とされなければならないの？」

彼女とその家臣たちは、六道輪廻の地獄界に閉じ込められ、黒蛇に変えられていました。ガラシャの魂の霊的エネルギーが憑依したため、私は泣いたりわめいたりして、ガラシャの苦悩が伝達された状況になりました。

ちょうどそこに、徳川秀忠の魂が転生した私のツインレイもサロンにいたのです。すると、ガラシャは秀忠の姿を見て「助けてください」とすがりました。さらに、イエズス会に所属していた人の魂が転生した方もそこにいました。この方は男性でしたが、現世でもキリスト教の信者でした。その彼は徳川家康の異母兄弟であり、家康の影武者をしていた人でもありました。

私に憑依していたガラシャの魂は、イエズス会の宣教師の姿をした彼を睨みつけ、「向こうに行け！」と命じるのです。

ヒーリングを始めて約3時間後、ガラシャはようやく神様の光の中で夫である細川忠興と子どもたちの説得に応じ、高次元の神様とつながり、天に上ることを受け入れました。するとガラシャの魂は金色の千手観音菩薩様とつながり、その霊魂は天界へと還っていきました。戦乱の世でキリスト教に帰依した姫も、本当は心から殿に愛されたかったのだと感じました。

彼女の魂が救われたことで、Wさん一族に起きていた病気や悲劇的な運命なども改善されました。

細川ガラシャを取り巻く霊魂たちの増幅した念

この細川ガラシャの魂との出会いから10年振りに、ある一族の末裔の女性が二人やってきました。彼女たちは、「どの霊能者に頼んでも解決しない。ある霊能者に、昭島レイラさんとつながっている神様しか、あなたたちを開運に導くことはできないと言われました」と言うのです。

一人は音楽学院を経営するピアニストOさんで、もう一人はその姪でフランスに留学し音楽を学んできた方でした。

様々な占い師より「Oさん一族は大成功する」と言われていましたが、霊現象に悩まされる状況だったのです。リーディングしてみると、霊界から数々の邪魔が入り、開運を妨げられていました。

この一族は、祖母が豊臣秀吉の母親、祖父は大谷吉継、母父兄は大石内蔵助と妻、息子が転生した家族でした。当時、まさに戦国時代の地獄絵図のような魂の浄化と救済を手掛けている私のところに、Oさんたちがたどり着いたのは必然だったのです。

Oさんとその姪は2人とも痩せているのに、なぜか妊娠したかのようにお腹が膨らんでいました。不思議に思ってヒーリングを進めていくと、細川ガラシャの暗殺に関わった、宣教師2人の魂の転生であることがリーディングされ、ガラシャを偲び、歌曲を創作する姿がみえたのです。

そこで、まず私は、関ケ原の合戦のきっかけになった、細川ガラシャ暗殺に関わった大谷吉継率いる霊界の魂をすべて浄化するために、関ケ原の合戦場に足を運びました。

実は10年間、戦国時代に由来する魂たちの大浄化に取り組んでいたのですが、豊臣秀吉公がなかなか降参してくれず、悩んでいた矢先のことでした。そこで私は、Oさん一族と一緒に琵琶湖に行ったり、先祖のお墓を参ったり、ありとあらゆる場所の浄化をご家族とともに行いました。

ところが「これで、浄化が済んだ」と思ったところ、Oさんの90歳近い祖父が新車を購入し、運転して物損事故を起こすなどのトラブルが頻発しました。これらをリーディングすると、霊界からの邪魔が入っていたのです。ほかにも、漁師であるOさんの父親は、ある日突然魚が獲れなくなってしまうことがありました。

魂の浄化と救済をやり遂げるまで、Oさん一族は目に見えない力で不意に転ばされたり、人を使ってあからさまな邪魔が入ったりするなど、救いを求めてさまよう霊魂たちからの逆襲も数多く受けていたのです。

しかし、諦めずにヒーリングを続けて魂の浄化救済が終わると、それを証明するかのように、Oさんの父親は大量の魚が獲れるようになりました。

それでも、浄化救済後、霊障が一、二度起きました。Oさん自身と父親、2人の足が急に1・5倍くらいの太さに浮腫んでしまったのです。これは連絡を受けて遠隔ヒーリングをしたところ、すぐに元に戻りました。それだけ恨みの念が強かったということです。

現在、Oさん一族は不思議な霊現象にも悩まされることもなくなり、家族全員が幸せに暮らしています。

その後も、私はヒーラーとして歴史の真実と向き合っています。いまだ癒されない魂を次々と浄化して天国へと導き、千手観音菩薩様の救いの光とつなげる救済のための仕事に邁進していくのです。

第3章

タイムカプセル・ヒーリングが起こした奇跡

魂を浄化し救済する「タイムカプセル・ヒーリング」

私は大いなる宇宙神との交信を通じて、高次元からの癒しのエネルギーを受け取りながら、チャクラを開発するという瞑想法「レイラ・メディテーション」を確立しました。これは私自身がヒーリングに20年以上も取り組んだ結果、生み出したものです。

メディテーションを受けると、私たちの体にある7つのチャクラのエネルギー回路の中から、通常とは逆の、左回転しているネガティブなエネルギーが浮上します。正常なチャクラは宇宙の波動と共鳴し、右回転しています。

なぜ、宇宙の波動に共鳴せずに逆回転しているかというと、転生を繰り返す中で傷ついた感情の記憶や、昇華されていない恐怖やトラウマがあるからです。前世のそのまた前世、つまり数百年、数千年も前の魂の記憶情報が、チャクラの不調和を引き起こし、負のスパイラル、つまり逆回転を引き起こしているのです（チャクラについては次章で詳しくお伝えします）。

人は何度も生まれ変わり、転生を繰り返し、その記憶の情報の中で自らの運命を創造しています。あなたとそのまわりの人たちとで構成される小宇宙内で様々にプログラミングされた、マトリックスに従って生きているのです。

レイラ・ヒーリングの中でも、この過去に遡って記憶を書き換え、クライアントの前世の魂を救済することを、特に「タイムカプセル・ヒーリング」と呼んでいます。

以前は魂の世界に強烈な恐怖やトラウマがあったり、戦国時代の対立、封建社会、あるいは「六道輪廻」の掟があったりしたせいで、人々の魂の浄化が思うように進まない時期もありました。けれど、最近は1、2章で紹介した藤原鎌足、織田信長、豊臣秀吉、徳川家康など、歴史的に有名な上層階級の魂の浄化が進んだため、現在は一度の「レイラ・メディテーション」で、何百年、何千年前でも、宇宙の神様からの究極の癒しの光が一瞬にして到達し、その人の運命を変える力が動き出すようになりました。

人間の運命には、様々なことが必然的に仕組まれています。それは私たちが「因果応報」という宇宙の法則の中で生きており、すべての人間が前世の記憶を保持し、先祖から伝達される想念エネルギーを受け取りながら生きているからです。

こうした話を怖いと思う方がいらっしゃるかもしれません。けれど、魂の浄化と救済が進まないことのほうが、人間社会はもっと恐ろしい状況を招くことになりかねないのです。

第3章では、このヒーリングによって、これまでどのような奇跡が起きてきたかをご紹介しましょう。

家族の事故、怪我、引きこもり、原因不明の頭痛を改善

二人の子どもたちが立て続けに怪我や事故にあったことで、Rさんという女性がブログを見て私の元を訪れました。当時はコロナ禍で、Rさんのお父様が亡くなり、ご本人もコロナに罹患した後にお越しくださいました。

まずレイラ・ヒーリングを受けていただくと、亡くなったお父様の魂が修復されて若返り、孫たちを心配して出てきてくれました。お父様の話し方が生前のとおりで、Rさん親子しか知らない思い出話などの記憶も出てきたため、Rさんは父親が霊魂として生きていると、信じざるをえませんでした。

人は皆「因縁」で巡り会うといいます。Rさんの結婚は、伊達政宗の一族と、権謀術数に長けた最上義光《もがみよしあき》にまつわる魂を持った者同士の結婚でした。

彼女自身は東京育ちですが、前世の影響でしょうか。ヒーリング初期の頃は

「山形の最上川が好きで懐かしい感じがするんです」と言いました。

コロナの後遺症で体調の悪い日が続いていましたが、癒しのエネルギーチャージをして体調を回復させ、タイムカプセル・ヒーリングを続けていきました。

すると、娘さんの怪我やスポーツ中の事故などが、前世のカルマによって引き起こされていることがわかったのです。彼女の前世は駒姫でした。豊臣秀次に見初められ、15歳で側室として嫁ぐ予定でした。ところが秀吉の命で、秀次は切腹してしまいました。そして駒姫も、側室にもならないまま15歳という若さで処刑されたのです。娘さんをリーディングすると、駒姫が嫁ぐ前の家族会議や別れのシーンの情景が鮮明に映し出されました。

駒姫の魂のヒーリングを進めるうちに、Rさん一族の悲しみが想念エネルギーとなって噴出しました。しかし、神様のお導きによって徐々に癒され、浄化されて天へ昇っていきます。その後、娘さんはすっかり明るさを取り戻し、物事を前向きにとらえてイキイキと毎日を過ごせるようになりました。

Rさんのご主人もストレスが溜まって胸腺が痛み、呼吸が苦しくて自律神経にダメージを受けていましたが、これも遠隔ヒーリングで回復しました。

家族間では、息子さんとご主人の間に隔たりがある関係だったのですが、お互いの前世の対立が原因であることがわかりました。数百年も前の戦国時代の前世の魂が癒されず、それからの霊的アタックによって、自分の人生なのに自分自身を生きられないと言う自己矛盾、突然の怪我などを引き起こし、それぞれの今世の運命に狂いを生じさせていたのです。

とくに戦国時代の因果応報が息子さんの運命に大きく影響していました。ここにも戦国時代の前世のカルマが関係していたのです。

息子さんの過去世は、若くして豊臣秀吉に人質として差し出された、伊達政宗の息子・秀宗でした。秀宗は宇和島藩の城主になりましたが、その後、浅野内匠頭に転生していました。彼の魂の記憶の中には、豊臣家と徳川家への積年の怨みがあったのでしょう。

前世の記憶の糸を辿ると、転生していくたびに、二重、三重に重なり合った深いトラウマや恐怖が重くのしかかっていることがわかります。それが、現世で息子さんに頭の怪我を生じさせたり、潜在意識の中でブロックをかけたりしていたのです。暗い陰りの想いに囚われ過ぎた前世の記憶が影響していたため、就職したにもかかわらず原因不明の頭痛を引き起こし、会社に行けない状況が続いていたのでした。

息子さんの場合、伊達秀宗と浅野内匠頭のカルマが重なっていました。伊達と最上の争いと、東北で力を持った武将の一族が徳川幕府に抱いた怨みの念は、この現代においてもまだ魂を通じて伝達されていたのです。

母親であるRさんは、私のオンラインスクールでヒーリングを習得し、息子のカルマの問題と向き合い、毎日ご家族にヒーリングしながら魂の浄化や救済に励んでいます。大学卒業後、せっかく就職した会社にはまだ行けない状況ですが、原因不明だった頭痛がなぜ起こるのかがわかったことで、息子さんが魂のトラウマから解放される日は近いでしょう。

　この息子さんのように、あまりにも前世の想念エネルギーが強く現れると、前世の潜在意識が今の意識と合体してしまい、今世の運命を切り開けないまま、自分自身を確立できなくなってしまいます。「自分がわからない」「自分がやりたいことが見つからない」「生きる気力がない」など、自己矛盾や無気力さを抱えた人たちは、現代社会に多く存在します。これらの人々が暗いオーラをまとってこの世をさまよう原因の多くは、魂の世界におけるこうした背景が影響しているからなのです。

うつ、アルコール依存、家庭崩壊を経て真の幸せへ

　Sさんの父親は大阪府出身、母親は福島県出身でした。息子であるSさんは事業の後継者として生まれましたが、幼い頃から体が弱かったそうです。けれども

非常に容姿端麗な方でした。

ところが結婚し、娘が生まれた頃から人生の歯車が狂い始めました。Sさんの前世をリーディングすると、戦国時代の徳川と豊臣の関ケ原合戦に至る争いが原因とわかりました。当時、城主であったSさんですが、対立する城主の城を攻めて落城させていました。今世で結婚した奥様は、その落城した城の血筋の女性だったのです。また、魂のヒーリングを続けていくうちに、高野山のお坊さんであった前世も出てきました。当時の彼は、幼少期に寺に預けられた若君でした。

Sさんの結婚は、まさに落城させられた怨みを晴らそうと悪霊になった魂たちの仕業だったのです。彼は結婚を機に髪が抜け落ち、ものすごく痩せてしまいました。戦国時代の家督争いの怨念を引きずる相手と結婚していたわけですから、まずはその怨念を浄化しました。命にも関わる危ない状況でしたが、ヒーリングを続けるうちに、髪も元通りになり、健康になっていきました。

3カ月もしないうちにSさんは完全に回復されたのです。その結婚相手は戦国時代に落城された恨みを晴らそうとやってきていたので、それが叶わぬことになるとすぐ、奥様から離婚の申し出があり、娘さんとともに家を出て行ったそうです。

無事に離婚が成立し、彼が本当に幸せになれる日は近いでしょう。その日を夢見て、Ｓさんは仕事に邁進しておられます。

過去世の怨みのカルマを引きずったまま結婚すると、その後、金遣いが荒くなる、ギャンブルに走る、浮気をする、ほかの女性を妊娠させるなど、相手が豹変する場合があります。相手を幸せの絶頂からどん底へ突き落としてやるといった怨念が解消されないまま、転生して引き寄せてしまう結婚は、不幸しか生み出しません。この場合、因果応報のカルマを解消しないと、いつまでも幸せな人生は訪れません。

事業不振、借金を背負う運命を回避

Fさんは爽やかな美男子でアイドルグループにいるような男性でした。Fさんは面倒見もよく、周囲の人たちにとっては兄貴的存在で、仕事もできるタイプでした。

ところが、ある時から何かが空回りし始め、運命の淀みが表面化してきたため、サロンに来られました。レイラ・ヒーリングによると、彼は子ども時代からかなりの天才気質で、見た目も優れていたため、芸能界を目指したスポーツマンだったことがわかりました。

若い頃は会員制のテニスクラブなどを運営し、最愛の妻にも恵まれ、すべてが順調だったようです。ところが彼が行き詰まった要因の一つは、妻の父親が事業に失敗し、億単位の負債を抱え込んだことでした。

Fさんはその負債を返済するため自分のテニスクラブを売り払いましたが、それでも1億円近い借金が残ってしまいました。素直でまっすぐな性格の彼は、「働けば何とか返せる！」と、ビジネスに邁進していました。

将来有望なのにもかかわらず、Fさんの運命には何かのブロックが障害となっているのを感じ、タイムカプセル・ヒーリングとレイラ・メディテーションを続けました。すると彼の中から固まったコンクリートのように冷たい別人格の人間が表面に現れてきたのです。その頃から、Fさんは次第に右足を引きずるようになりました。

彼は黒田官兵衛が転生した魂でした。彼が結婚した相手は、黒田官兵衛の息子・長政が結婚した徳川家の一族だったのです。浄化のためにFさんとともに広尾のお墓を訪れると、そこには黒田長政のお墓が祀られていました。そこで、黒田官兵衛・長政の親子の魂を浄化して救済し、魂の縁で彼の運命がこじれていくのを止めることができました。その後、彼は未来を夢見て新たな事業を興し、さらなる事業の発展に向けて歩み続けています。

事業も家族も幸せと成功の流れに乗れた

Sさんは実直で真面目かつ一本気な経営者でした。今後の事業の方向性について悩んでおられたところ、紹介でサロンにお越しくださいました。さっそくレイラ・メディテーションを受けてもらうと、「頭がすっきりして、もう一回頑張れそうな感じがします。これはやみつきになりますね」と、魂の浄化にも真剣に取り組むことになりました。

レイラ・ヒーリングを行うと、彼の前世は徳川家光の家臣であることがわかりました。と同時に、前世の夫婦の離別が浮かび上がってきました。Sさんは幼馴染と幸せな結婚をし、3人の子どもにも恵まれていました。何不自由ない生活でしたが、前世でも夫婦であった奥様にカルマのエネルギーが影響していたのです。

ヒーリングを続ける中でわかったのは次のことでした。家光の家臣であった彼は城主として町の人々と一緒に地域の発展に努めましたが、最愛の息子が流行病で亡くなってしまいました。妻はそのことで自分を責め続けて殻に閉じこもり、とうとう出家してしまったのでした。

Sさんは仕事の成功を夢見て邁進していますが、そんな彼から距離を置き、どこか冷めた目で自分を見ている妻に違和感を覚えていたのです。夫婦のカルマを解消するべくヒーリングに取り組んでいくと、だんだん妻の性格が明るくなり、Sさんに対する態度も変わってきました。Sさん自身もメディテーションを受けて直感が働くようになり、毎日の瞑想を日課にすることで、「物事の善悪がわかり、千里眼が働くようになった」とおっしゃっていました。

また、仕事の流れ、取引先、協力者などにおいても次々とステージが上がり、仕事も人生も一気に好転する流れになっていきました。先祖と魂の浄化・救済後は一気に注文が増え、20年間の経営の中で、最高額の売上を上げたそうです。

今世のSさんの魂の目的は、夫婦が仲睦まじく、家族のみんなが大成功の道をたどり、人々のお役に立つこと。このミッションを果たすことを決意し、着実にご自身が選んだ幸せな人生を歩まれています。

前世の不幸な結婚のブロックを解除し幸せな人生へ

人間の世界で解決できないことは、因果応報のカルマや前世からもたらされている因縁を繰り返している可能性があります（そうでない場合もあります）。人は成長し、恋愛や結婚をしますが、結婚した途端、不幸な運命に陥るケースがあります。

Uさんは徳川家光の家臣の一族で、父親が一代で事業を大成功させました。しかし、その父親が亡くなると、後継者であるUさんは家庭も持たず、時代の転換期で事業の悩みから精神的に緊迫して、不眠症、アルコール依存症となったのです。何か霊的な曇りが見て取れました。

父親の最初の妻は山形県出身の女性で、転落事故死していました。亡くなった妻の魂をリーディングすると、前世は家光の異母兄弟の保科正之の家臣で、米沢城にかかわっていたことが観えました。

徳川と豊臣の因縁の争いが霊界で起こっていたため、Uさんには何千体もの霊魂が取り憑き、毎年ギックリ腰に悩まされていたのです。ヒーリングによって、その霊魂が成仏に向かうよう、先祖供養も執り行いました。

Uさんには父親が亡くなる前、長く交際している女性がいました。彼女から求婚されていましたが、前世のカルマのために、結婚に対する強いブロックがかかっていたのです。

ヒーリングを続けていくと、徳川幕府の勘定奉行だった時代に、財産目当てで結婚した女性とうまくいかず、最愛の息子を失った前世のカルマが浮上しました。「現世の彼女と結婚しても子どもを失うことはない」と過去の記憶を書き換えてカルマを解消し、両家の結婚のご縁をつなぎました。その後に行われた魂の大浄化では、ものすごい数の魂が天に昇り、成仏に導かれていきました。その後、U

さんは事業も存続させ、幸せに暮らしています。

高次元からのエネルギーを通じたレイラ・ヒーリングで、過去に同じ時代を生きたカルマに囚われている霊魂を浄化し、救済することができます。そうして魂の世界に光が射すことで、天国に導かれていきます。このヒーリングを用いることで、過去世の潜在意識のカルマの想念エネルギーが、今世の運命にブロックをかけて淀ませてしまう状況を打破することができるのです。

結婚14年目で13回の不妊治療を乗り越え出産へ

ある時、テレビ関係のお仕事をしているという男性Fさんが、開運を目的にヒーリングに訪れました。レイラ・ヒーリングを行っていると、股間に黒い霊的なエネルギーが浮上してきました。それを伝えると、次のように言われました。

「実は……もうすぐ結婚して14年目を迎えます。その前に実現するようにと、願掛けをしながら、今12回目の不妊治療をしています。でも、『あと1回チャレンジして子どもを授かることができなかったら諦めよう』と妻と話しているんです」

ヒーリングを続けていくと、結婚1年目に授かった赤ちゃんを4カ月目で死産していたこともわかりました。まずはその赤ちゃんの魂を癒し、天国に昇ってもらいました。すると、大いなる宇宙神から「来年3月に、素晴らしい奇跡のプレゼントが来る」という預言がありました。

それから1年後の3月、Fさんから連絡が入りました。なんと、かねてから希望していた仕事の独立を果たし、待望の男の子が生まれたというのです。実は12回目の不妊治療も失敗に終わっていましたが、奥様はどうしても子どもを諦めきれず、レイラ・ヒーリングでご自身の魂を癒していかれたのです。

その結果、43歳にして13回目の不妊治療で、愛しい我が子を授かることができたのでした。五体満足の立派な男子が誕生し、Fさん自身の仕事も新たな門出を迎え、夫婦そろって祝福に満ちた人生が始まりました。

前世のトラウマを解消し幸せな結婚、出産を体験

「3年間の同棲生活を経て、8年も交際してきた彼から別れを言い出されました。どうしたらよいでしょうか」と言って、Iさんは母親と一緒に相談にやってきました。

一人っ子だった彼はIさんの兄弟とも家族のように仲良くしていましたが、極端に結婚を拒絶する姿に異常さを感じていたそうです。その後、二人の関係性に亀裂が入り、彼は「死んでも別れたい」と言い張り、15kgも痩せてしまいました。一方のIさんはストレスで20kgも太ってしまいました。

まずは彼にレイラ・ヒーリングを行いました。すると彼の前世は宮大工で、この時もIさんと結婚して幸せな成功者となっていました。それを伝えると彼の考

えが一転！　ハワイで結婚式を挙げることになったのです。さらに、彼の母親も恋人と一緒に挙式をすることとなり、親子でダブルウェディングとなりました。家族全員が幸せな中、新しい生活がスタートしました。

ところが今度は、なかなか妊娠しないというのです。セッション開始直後、私が「どうして妊娠しないんだろうね」と言うと、突然Iさんの感情が決壊したかのように足をバタバタさせ、「彼の子どもを産みたくない！」と泣きじゃくるのです。

積もり積もった前世の思いが噴出したのだと察知し、すぐにレイラ・ヒーリングに入りました。すると、前世で彼女は女の子を出産した後に男の子を産んだことがわかりました。ところが目を離した隙に、その男の子は囲炉裏で大火傷をし、1歳にもならないうちに亡くなってしまったのです。

最愛の一人息子を失った当時の夫（現在の夫でもある）は酒に溺れ、妻を責め続け、家庭は暗い闇に落とされてしまいました。そして妻は娘が10歳になる頃、深い谷へと身投げして亡くなってしまったのです。彼女が太った理由も、彼が結婚を拒絶した理由も、前世の家庭崩壊の悲しい記憶がトラウマとなっていたのでした。

ヒーリングで魂を癒し、過去の記憶を幸せな家族像に書き換えました。それから間もなく、Ｉさんは無事に妊娠しました。けれども今度は十月十日経っても、赤ちゃんが生まれてこないというのです。もしかしたら前世の子どもが生まれてくることに恐怖を覚えているのかもしれないと思い、一生懸命おなかの赤ちゃんに向けてヒーリングを行いました。

ようやく生まれてきたのですが、今度は泣きやまず、Ｉさんを困らせることとなりました。一度泣き出すと3時間くらい泣き続けるというのです。そこで、大声で泣き続ける赤ちゃんにレイラ・ヒーリングを施し、前世の記憶を書き換えました。赤ちゃんの魂には、自分が大火傷をして亡くなったため、両親を苦しめてしまったという記憶があったのです。

ヒーリングで魂が癒やされ、恐怖とトラウマから解放されると、その子は非常に情緒が安定し、すくすくと育ちました。その後、彼女は２人目、３人目の子どもも出産しました。もちろんすべて安産で、妊娠中も体重はさほど増えず、きれいなお母さんのまま、幸せな子育てを楽しんでいます。

前世の夫と結婚するも家の浄化後に離婚、再婚へ

Ｃさんは、自分自身の運命を変えたいと願い、サロンにやって来ました。彼女はヒーリングの中で神様から「借金を返すように」というメッセージを受け取り、３つのアルバイトを掛け持ちして、無事に借金を返済することに成功しました。その後、専門学校の教師として都内で勤めることになったのです。Ｃさんの夢は、１０００万円貯めてアパートを経営することでした。

Ｃさんはあるお見合いサイトで彼氏を見つけ、結婚することになりました。お

相手は神楽坂にビル、マンション、アパートを持っている資産家でした。

私がCさんの前世をリーディングすると、彼女は商家に奉公に行き、右足が不自由だった息子の妻となり、商売を繁盛させました。「今の彼も右足が不自由で、引きずるように歩いているんです！」と彼女は驚きを隠せませんでした。

九州から都内に出てきた女性が、前世の奉公先の息子とまた巡り会い結婚する――そんな奇跡の運命に導かれたのでした。

結婚してからは、マンションの中で水道管が錆びついて地下に水が漏れていたり、７００万円近く滞納している部屋があったりということが発覚しました。ちょうどその部屋があるあたりは、昔、神社があった場所でした。その神社はすでにほかの場所へ移動されていましたが、近くを流れる神田川に身投げした霊魂がそこに集まっていたようです。

土地と建物のお浄めをすると、神社を移動させた時に、雨と雹《ひょう》が降ったことがリーディングでわかりました。後で昔の書物をひもとくと、同じことが書かれていて驚きました。この浄化後、すぐによい人が入居し、水道管の水漏れもまったくなくなりました。

ところが今度は夫の家族との関係が悪くなりました。夫は夫婦の部屋に帰ってこなくなり、Cさんを家から追い出そうとしてきたため、タイムカプセル・ヒーリングでその原因を探りました。すると前世の子どもが、右足が不自由な父親を近所の友達にからかわれ、商売が繁盛していた嫉妬から大変ないじめに遭い、挙句の果てに成人してから賭博でお金を失い、自殺してしまっていたのです。

この頃からCさんの先祖霊が動き出したのでしょう。家を追い出されそうになっていたCさんは別の男性と出会い、彼から求婚されるようになりました。手をつないで楽しく一緒に歩き、気が合って同じような趣味を持つ彼と、穏やかに生活したい。そう強く望み、彼女は離婚を決意しました。

前世のカルマを昇華し、Cさんは新しい彼と再婚したのです。よい家族に恵まれ、幸せな生活が始まりました。前世を癒すことで、現世での人生にも幸福な引き寄せが起こり始めます。そのことが示されるよい事例となりました。

今世5回目の結婚で愛のカルマを清算

会社経営者であるJさんは、数年前に数千万円の詐欺に遭ってしまいました。しかし、奥様と家族の支えもあり、立ち直ってからはネットビジネスの世界で億単位の売上を上げ、成功することができました。

Jさんがレイラ・ヒーリングを受けると、根深いカルマのエネルギーが脊髄と腰にまとわりついて、腰痛を引き起こしていることがわかりました。深く納得したJさんは、「このメディテーションを受けると、根本原因に到達して原因がわかる。さらに、心も体も一瞬で軽くなるから、さらなる飛躍と開運を目指したい」ということで、魂の浄化プログラムに取り組むことになりました。

カルマの清算を求めてタイムカプセル・ヒーリングに取り組むと、彼が気にしていた奥様とのカルマが浮上してきました。なんと1700年前の古代ローマ時代の争い、略奪愛、引き裂かれた愛のカルマが二人の運命に影響を及ぼしていたのです。

実はJさんは「家族を守りたい」という強い意志を持つ奥様との関係性の中に、かすかな違和感を覚えていたのでした。奥様自身もローマ時代の王族のカルマを持ち越しており、彼女自身のスピリチュアルな力が封印されていました。ご自身でも「まだその時ではない。パンドラの箱を開けられない」という魂からのメッセージを受け取っていました。

そして魂の浄化と救済の中で先祖供養に取り組むと、Jさんと奥様のまた別の前世が浮上しました。奥様は斎藤道三の娘の帰蝶、後の織田信長の正室になる人であり、Jさんはその家臣だったのです。戦国時代においては幼馴染でもあり、同じ城主を中心にした過去世がリーディングされました。

ヒーリングを続けていくと、二人は夫婦になって大家族となり、家族全員で幸せと成功を手にすることが魂の目的であることがわかりました。二人は今世で巡り会い家族となって願いを叶えました。前世からの思いと現実が完全にシンクロしたのです。

彼らが目指すステージは、人の育成や幸せと成功にありました。いくつもの前世から数えると、今世では5回目となる夫婦の縁です。

お互いの魂のアカシックレコードにアクセスして傷ついた魂を癒し、浄化やクリアリングを経て、世のため人のために二人は二人三脚で進んでいます。奥様の封印されていたスピリチュアルな力も解かれ、才能が開花しました。魂の目的を叶えた二人の未来は、明るい光に包まれて祝福されていることでしょう。こんなふうに前世からのつながりで憧れの夫婦となり、パートナーシップを築いていかれたら素敵ですよね。

ツインレイのカルマが続く愛の関係を癒す

長い黒髪でほっそりした姿のKさんは、「10年来の恋人と別れて運命を変えたい」と口では言うものの、本心では彼との結婚を夢見ていました。

Kさんはカナダに留学したこともあり、外国人との愛の生活を求めていました。10年前に知り合ったカナダ人の彼との交際は続いていましたが、彼はポリアモリー（関係者全員の同意を得たうえで複数のパートナーと関係を結ぶ恋愛スタイルを持つ人のこと）でした。そのうえ、収入が少なく借金も背負っており、Kさんが求婚しても拒否され続けていました。彼女は彼のことが大好きでしたし、結婚して自分を守ってほしいと願っていたのです。

タイムカプセル・ヒーリングを行うと、二人はもう何度も過去世で巡り会っていることがわかりました。一つの過去世では、カナダで相思相愛の夫婦として二人は生きていました。しかし南北戦争によって彼は右足を失い、戦争のトラウマが彼の心を蝕んでいきました。妻である彼女はなんとか頑張って、洋裁やジャムをつくって生計を支えていましたが、彼のプライドは傷ついたままでした。妻や家族を幸せにできない自分を卑下してしまっていたのです。

ある時、Kさんの彼と会う機会がありました。二人の顔はまるで重なっているかのようにそっくりで、すぐにツインレイだとわかりました。そこで彼にレイラ・ヒーリングを勧めると「ぜひ受けたい」とのことでした。彼がヒーリングを受けると、私の右足が痛くなりました。そのことをお伝えすると、「子どもの頃、右足が吹っ飛んで車椅子生活になる夢を何度もみていました」というのです。

別の日にKさんにタイムカプセル・ヒーリングを行ったところ、今度は彼女が織田信長公の弟の側室で、天下を取ることを夢見ていた姫だったことがわかりました。当時はキリスト教の宣教師が多数来日しており、彼女は宣教師であった前世の彼に恋心を抱いていたのです。

戦乱の世で織田信長公の弟は戦に負け、側室だった彼女は生活が一転し、夢の世界から過酷な現実へと転落していきました。そんな心の辛さを癒してくれたのが、宣教師の彼との逢い引きでした。二人はお互い惹かれ合い、恋に落ちたのです。一緒に外国に行くことを夢見ていたのかもしれません。

彼と10年前に出会い、「こんなに好きになれる人はいない」と思って交際を続けてきたKさんですが、彼の多重愛や成功したいというカルマのエネルギーに翻弄され、多くのスピリチュアルな先生に鑑定してもらっていました。けれども、全員から「別れたほうがいい」と説得され、「それならばもういっそ、遠く離れた外国に行ってしまおう」とすら思っていたのです。

そんな迷走中に、私に出会ったのでした。愛がうまく成就せず、過去世のカルマを引きずっている二人が、またもや日本で巡り会ったのです。お互いが離れられないツインレイなのにもかかわらず、わざわざ不幸な道を選択しようとしていました。

南北戦争の前は、彼は叔母から譲り受けた牧場を経営し、妻は生活を豊かに楽しんでいました。南北戦争の悲劇と信長の弟の側室であったときのカルマのエネルギーがトラウマとなって、せっかく今世では一緒にいられるのに、お互いの愛を失う寸前でした。

そこで私は思考や意識を変えることを提案しました。二人が今世でも巡り合えたこと、そして魂の夫婦として寄り添えることを神様に感謝するように伝えました。また、二人が無意識に金銭を失っているのは、キリスト教の宣教師であった時代にお互いの愛のエネルギーを交換し合うという秘め事を、彼女の魂が選択したことに起因していることも伝えました。結婚を保険のように考えてしまうのも、過去世から持ち込んでいる思考の伝達でした。これは彼女が自立し、成長するための修行でもあったのです。

最後に、「目を覚ましてしっかりとお互いをヒーリングで癒し合い、愛を成就させることを願いなさい」とアドバイスしました。もう二人とも50代に差し掛かっていたからです。その後、二人はお互いの魂を高め合うため、切磋琢磨しました。

そして今、彼は彼女だけを愛しています。今世でようやく、ツインレイの二人がカルマとして持ち越してきたものが解消されたのでしょう。運命の相手とともに、愛と喜びにあふれる毎日を過ごされています。

現世で幸せになれない理由の一つは過去世にあった

結婚して何年も子宝に恵まれず、不妊治療に通う方も多い現代ですが、不妊の根本原因に前世のカルマが関係している場合が数多くあります。

４００～５００年も前のカルマが今世に関係しているなど考えたくもないと思いますが、前世で好きでもない人と結婚し、傷ついた感情的な想い、侮辱、抑圧、暴力や不正、絶望の記憶などが、潜在意識にブロックをかけていることがあるのです。

とくに戦国時代は、女性は家督争いで好きでもない相手との結婚を強いられ、男性は戦に駆り出されたまま帰還しないことが珍しくありませんでした。残された女性の、子どもを養育する苦労や寂しさ、辛さといった想念は、転生しても引き継がれ「幸せになれるはずがない」と、結婚や出産にブロックをかけている人も多いのです。

過去世のトラウマや恐怖心が脳の思考や意識に伝達されて、いざとなると潜在的なエネルギーブロックでシャッターが下りてしまう……。このままでは目に見えない過去世からのエネルギーのために、非婚や不妊が増え続けてしまうかもしれません。

また、結婚しても子どもに恵まれない場合、過去世と同じ伴侶と結婚している方が意外にも多いのです。妊娠中に身籠ったまま亡くなったり、出産と同時に亡くなったりした恐怖やトラウマが強烈に残っているため、幸せな出産をブロックしているケースもあります。

タイムカプセル・ヒーリングで、過去世のトラウマや恐怖に光が到達すると、泣き出す人もいます。今世の自分には身に覚えがないことでも、過去世の体験として強力に作用する記憶によって、今世の人間の自由意志にブロックがかかってしまうのです。

結婚したい、愛する人に出会いたい、子どもを産み育てたいと願いながら、潜在意識が頑なに拒否しているために、その思いを現実化することができないのです。

タイムカプセル・ヒーリングでは、過去世の魂とつながったままになっている思考やトラウマや恐怖などの感情エネルギーを強力な癒しの力で救済します。過去の想念を書き換えて究極の幸せな未来をつくり、脳のシグナルに変化を起こしていきます。すると、過去、現在、未来と続くエネルギーが変わり、運命も自ずと好転します。

今すぐタイムカプセル・ヒーリングを受けるのが難しい方でも、７つのチャクラを全開にして右回転に正していくレイラ・メディテーションを行うことで、ご自身の過去世につながる負の感情を癒すことができます。

誰もが一人で、どこでもすぐできる「レイラ・メディテーション」については次章でお伝えしていきます。ぜひ、一緒に魂の浄化を進めていきましょう。

第4章

チャクラを調整して浄化する

究極の癒しの力と潜在能力を開発する レイラ・メディテーション

2000年に神様からヒーリング能力を授かり、私の、スピリチュアル・ヒーラーとしての人生がスタートしました。宇宙の叡智や高次元の神様とつながり、人智を超越したヒーリング能力が私の中で開花したのです。

ある時、クライアントにヒーリングをしていると、体の中心に車輪のように回転するエネルギーの渦を感じました。これこそが、私たちのエネルギーバランスを整え、運命の善し悪しに影響を与える「チャクラ」です。

チャクラには、運命を変える力と未来の扉を開く鍵があります。その鍵はこの世に誕生した人すべてに、平等に与えられています。チャクラとは、生命と運命のエネルギーのバロメーターでもあるのですが、私はある時、高次元の宇宙神エネルギーが光となり、チャクラのエネルギー回路に深く影響を及ぼすことを発見しました。

この光は究極の癒しのエネルギーをもっています。このエネルギーがチャクラにチャージされることで、あなたの運命にもたらされる波及力は計り知れないほど大きく広がります。これはまさに、運命を根底から変える神秘のパワーなのです。

チャクラは、胴体の基底部から頭頂にかけた身体の中心軸に沿って、７つ存在します（Ｐ１４６参照）。チャクラとは、サンスクリット語で「車輪」を意味し、人体の中心線上にある７つの「生命エネルギーの渦」ともいえます。チャクラを知ることは、私が行っているエネルギー療法のレイラ・ヒーリングやレイラ・メディテーションをご理解いただき、真のスピリチュアル・ヘルスを実現するために必要なことですから、本章ではチャクラについて詳しくお伝えしていきたいと思います。

基本的に、健康的なチャクラは７つのチャクラのすべてが力強く時計回りに右

第7チャクラ（頭頂）
直感の力
第6チャクラ（眉間）
知恵の力
第5チャクラ（喉）
意志の力
第4チャクラ（胸骨中心）
感情の力
第3チャクラ（胃の上）
内面の力
第2チャクラ（へその下）
決断の力
第1チャクラ（基底）
行動の力

チャクラ

回転しており、人間の生命エネルギーを調整し、絶えず私たちのエネルギーを活性化し、生命活動を促しています。幸福感を感じたり、自分は恵まれていると感謝が溢れていたりする状態で、このようになると多くの方が運気がよいと感じます。

一方、心身に不調をきたし、運気が悪いときは7つのチャクラのいずれかが停滞し、左回りに回転しています。右回転しているチャクラと左回転しているチャクラの不調和やエネルギーダメージが起こるため、元気がでない、やる気にならない、ストレス過多、免疫力の低下などの事象が現れ、自分の力だけではなかなか改善しません。

チャクラが疲弊したり、停滞したりすると、エネルギー不足で幸福感がなくなり、否定とネガティブな想いに囚われます。人によっては、病気や不運が続きます。特に、胸の免疫力のポイントでもある第4チャクラや、喉の第5チャクラに現れやすく、心を開けない、感情が出ないなど、自分らしく生きられない状況に

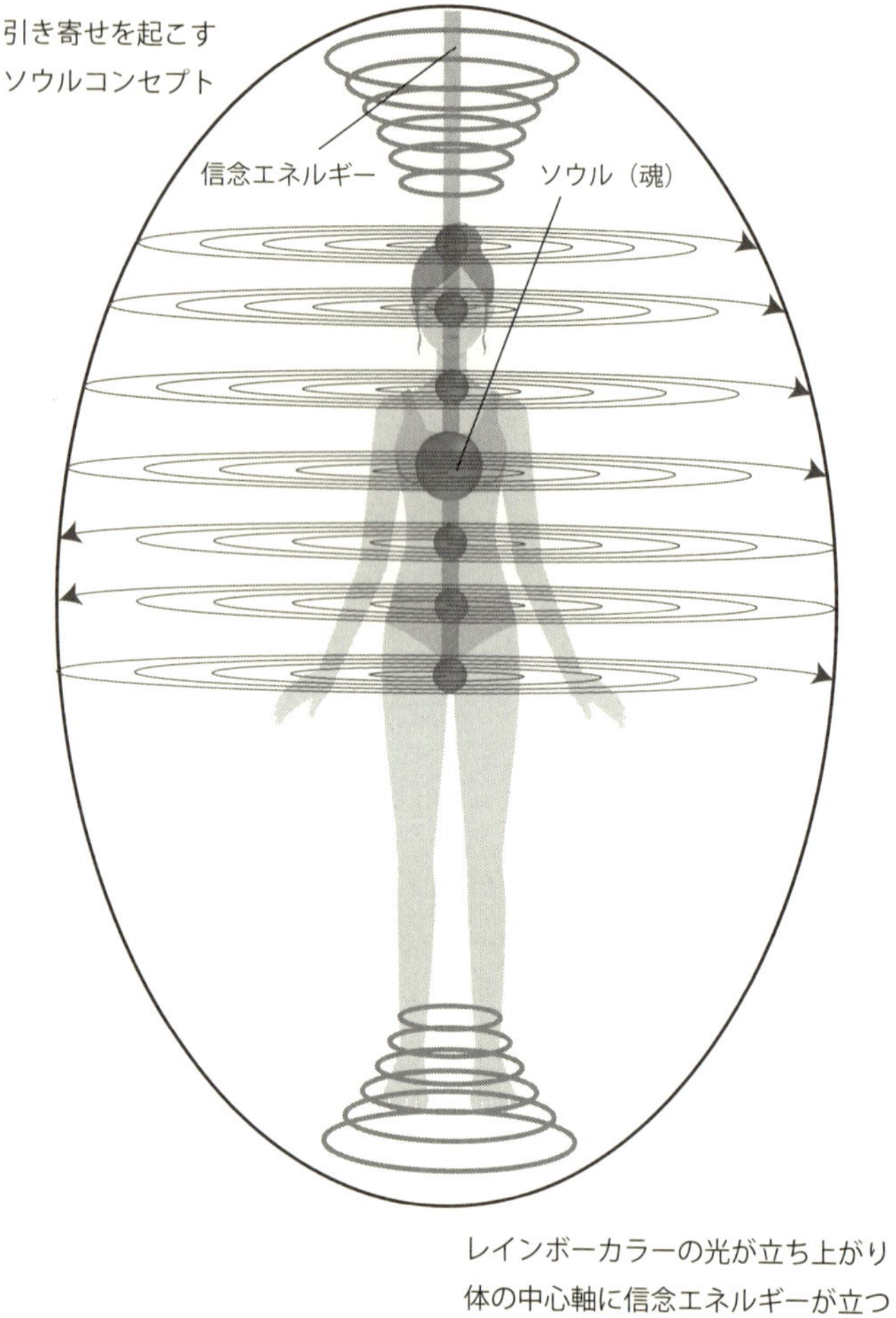
引き寄せを起こす
ソウルコンセプト
信念エネルギー
ソウル（魂）
レインボーカラーの光が立ち上がり
体の中心軸に信念エネルギーが立つ

チャクラの回転

さえなってしまいます。

そこから回復するには、ヒーリングのエネルギーをしっかり受け、ストレスや神経的なマイナスのエネルギーを排出させて、チャクラを活性化することが必要です。ヒーリングのエネルギーを送ると、チャクラが左回転している箇所から、冷気やマイナスエネルギーが噴き出し、右回転に変わります。チャクラが調整されると、癒やされ、穏やかに体の状態や運気の回復が始まります。すると、まるで別人になったかのように、幸運な人生の扉を開くことができるようになります。


チャクラの働きは私たちの心身の状態に影響を与えているとお伝えしましたが、7つのエネルギー回路でもあるチャクラの役割は、それだけではありません。前世からの転生を繰り返した恐怖やトラウマ、カルマは潜在意識の中に染み込み、いまだ癒されず、チャクラの状態、ひいてはその人の運命に大きな影響を与えているのです。

こうした前世に創られたマイナスエネルギーやカルマを浄化し、解放するのが、レイラ・ヒーリング、レイラ・メディテーションです。スピリチュアルな世界から根本原因を解読し、魂が癒されることによって、あなたの運命は新しい扉を開いていくことでしょう。

高次元の宇宙からの救いの光は、運命ブロックの原因ができたところまで遡り、あなたの運命を根底から書き換えます。

魂が浄化、救済されると、チャクラのエネルギー回路に、潜在意識に染み込んでいた前世からのマイナス感情のエネルギーが浮上します。7つのチャクラが左回転してこのエネルギーをはきだすと、すべて右回転となり、全開して広がります。そして、宇宙エネルギーと共鳴、共振し、幸運の引き寄せが起き始めるのです。

レイラ・メディテーションでは、7つのチャクラが深淵な過去世の扉を開き、まるでタイムトラベルのように、今世の運命にブロックをかける根本原因まで一瞬でさかのぼります。そして、魂の浄化と救済、潜在意識の書き換え、負の波動伝達を解除し、運命を劇的に変えることができるのです。

私たち人間のチャクラは高次元の宇宙エネルギーとつながることで、地球全体のチャクラにつながっていくのかもしれません。地球という生命体が記憶しているアカシックレコードへダイレクトにアクセスし、あらゆる人間の苦しみを、究極の癒しの光をもって解放するというヒーリングは、まさに神様からの贈り物といえるでしょう。

チャクラを通して次元を超えた癒しを実現

あなたは、「内なる声」を聞いたことがあるでしょうか？

たとえば、自分はやりたいと思っているのに、できない理由ばかりが頭をよぎったりすることはありませんか？

これは心の葛藤といわれるものですが、ここでもチャクラが大きく影響しています。チャクラが左回転していると、無意識のうちに自分の軸がぶれて、自分が本当は何をやりたいのかがわからなくなってしまうのです。潜在意識によって自己矛盾が引き起こされている状態といえます。

あなたの潜在意識が運命を大きく支配している場合、迷子になったような気分になるでしょう。時間だけが過ぎてゆき、自分自身の成長を感じられず、運命も変化せず、幸せな引き寄せがまったく起きない——つまり、明るい未来への扉が閉じている状況です。

この場合、運命が暗いエネルギーに閉じ込められているような、気分が落ち込むような感覚になる人もいます。私たちはみな平等に、神様から自分の運命を想像から創造へと導く力を与えられています。けれども運命の流れがブロックされていると、自らの未来を創り出すエネルギーが枯渇してしまうのです。

では、このような状況を改善し、幸せな未来を創造するには、どうしたらよいでしょうか？　ここにもチャクラが大きく関わっています。

7つのチャクラのエネルギー回路が、まるでタイムトラベルのトンネルのように、何層にもなっているオーラ・エネルギーフィールドを開き、過去世へと光のエネルギーが侵入していきます。

光のエネルギーは自由自在に移行します。時間旅行するタイムトラベラーのように、過去世の数百年、数千年まで一瞬で到達します。そして、第1チャクラの奥深くから左回転しながら、過去世のトラウマや悲しみ、怨みなどの想念が澱んだ苦しい邪気のようなエネルギーが浮き上がってきます。チャクラが左回転してこうしたエネルギーが浄化クリアリングされると、スッキリして、腰や脊髄、尾骨などを通じて冷気と霊気が噴き出します。これらが負の波動伝達を起こすのです。

チャクラのエネルギー回路を浄化すると、自分を中心とする小宇宙の中で培った、これまでの前世体験の運命ブロックを癒して解放し、本来の自分に立ち返るような解放感と爽快感を味わえます。

このように、チャクラは私たち誰もが有するエネルギーセンターであり、タイムカプセルのドアを開いて、根底から運命を変える力を持っているのです。そてして、光がタイムトラベラーのように、アカシックの澱んだ情報や負のエネルギーも解放します。これを私は「タイム・カプセルヒーリング」と名づけました。

高次元の宇宙のエネルギーとつながるレイラ・ヒーリングやレイラ・メディテーションでは、まずあなたがどんな未来を手に入れたいのか？　何者になりたいのか？　夢や願望は何なのか？　理想の未来へのヴィジョンを描き、宇宙にオーダーします。

その後、タイム・カプセルヒーリングによって、過去への階段を降りていきます。あなたの魂は何度も生まれ変わっており、魂のキズとなった根本原因が創られた場所を知っています。

そこで浮き上がってくる過去世の苦しみや悲しみを癒しながら浄化し、淀んだエネルギーを解放していきます。過去世の想念を幸福で満足した思い出に書き換えると、過去の囚われた感情は消えてなくなります。

想念転換は、本当に望んでいた幸福な人生の思い出に書き換わり、過去世の魂は満足して天へと上がっていきます。過去世の魂の、生への執着が一瞬で浄化され、ハイヤーセルフに変わるのです。

たとえば、４００年前の落城で子どもとともに殺されたという前世なら、子どもの成長を見守りながら幸福に満足して亡くなった記憶へと書き換えます。すると、オーラ・エネルギーフィールドがスッキリしてキラキラ輝き、天国に昇華された証拠の品、つまり未来のヴィジョンが観えてきます。ハイヤーセルフからのメッセージと神様からの預言をいただけます。霊的な毒素がすべて排泄されると、運命はその人が望んでいる方向へと導かれていくのです。

妊娠・出産にも大きく関わる過去世のカルマ

人はこの世に生まれ変わり、輪廻転生を繰り返しています。死んだら霊界での生活が始まり、数十年、数百年の時を経てこの世に新しい肉体を得て転生します。

ところが霊魂に刻まれてしまった壮絶な前世の記憶があると、今世の運命にブロックをかけます。過去世のカルマが現世である今とつながり、あなたの現実でも苦悩の扉を開き、パラレルワールドを引き起こしてしまうのです。

因果応報のカルマは何度も繰り返され、その鎖は切れることなく、連鎖を繰り返しています。神様はこの2000年の時を経て、人間の魂を解放し、自由に生きるために、なぜ動き出されたのでしょう?

そして、人はなぜ、このようにカルマを繰り返すのでしょう?


「愛する人に巡り合い、子どもを産み育て、幸せな家庭を育みたい」と望む人は大勢いると思います。しかし、これだけ現代医学が進んでいるにもかかわらず、不妊で悩む方が大勢います。

不妊に悩む女性にヒーリングをすると、ほとんど第1、2チャクラが左に逆転しています。また不妊治療などを続け、周囲からの抑圧などのプレッシャーで、思考などにもマイナスエネルギーがあると第6チャクラも左回転しています。

また、「赤ちゃんを授かりたい」と願っているのに思うようにいかず、第4チャクラが左回転し、ハートが締めつけられるような苦しさや辛さを我慢して飲み込んでいるために、第5チャクラにも苦しみの圧力がかかって逆回転しているケースも多く見られます。

女性によっては、赤ちゃんの魂が近くまで来ているのに、チャクラが逆回転しているため、赤ちゃんの魂が母となる女性の肉体に宿れない状況が生じていることもあります。実はこれも、目に見えないスピリチュアルな世界からの因果応報です。


近年、妊活講座を開き、受講してくださった女性たちのチャクラをリーディングすると、前世でのカルマが大きく横たわり、妊娠・出産にブロックをかけている方が多くいることがわかりました。

その中には前世、身重のまま事故にあって亡くなっている方もいました。けれど、現世の本人には何の記憶もなく、ただ「子どもを授かりたい」と願い、不妊治療などをしながら高齢になり、妊娠・出産を諦めるかどうかの崖っぷちに立たされているのです。

ある女性の場合、オンラインでお話ししていた時は気づかなかったのですが、現実の彼女に会ったら、8カ月くらいの身重の霊体が重なって浮上してきました。チャクラのエネルギー回路を通じて前世が出てきたのです。その内容は一瞬にして私に伝達されたので、すぐにその状態をお伝えしました。

なんと8カ月の身重の体で馬車に轢《ひ》かれ、赤ちゃんとともに亡くなった姿がアカシックから出てきたのです。「その赤ちゃんをすぐに天国に導かないと大変なトラウマになる」と思い、前世の赤ちゃんとその女性の魂を癒し、天へと昇華させました。

その後、43歳だった彼女は「子どもへの執着心がとれ、産んでも産まなくても自分が好きという状態になりました」と話してくれました。この女性は、幸いにも前世の夫と巡り合い、結婚しています。現世の彼女から、前世の身重の女性が出現したのは、まるで3D映画のようなシーンでした。

このほか、46歳で妊娠した女性は、若い時に一度妊娠しましたが、結婚にはまだ早く中絶していました。43歳で8歳年下の男性と結婚し、「母親に何としても孫の顔を見せてあげたい」と不妊治療に取り組んでいました。しかし、なかなか子どもを授かることができませんでした。

そこでチャクラをリーディングすると、第1チャクラに淀みがあり、母方の先祖がもつ戦国時代の恨みの霊的エネルギーが、ブロックをかけていることが判明しました。

彼女は先祖の浄化に取り組みました。とはいえ、私は46歳という高齢での出産には責任が持てないので、「神様にあなたからも祈ってください」とお願いしました。すると彼女の一途な思いが天に届き、46歳で妊娠することができたのです。

また、結婚して妊娠を望んでいるにもかかわらず、先祖同士が対立していたため、ご主人が浮気をするなど妻を苦しめるような行動をとることがあります。ここでも戦国の争いにまつわる霊的エネルギーが、新しい命の誕生を邪魔していました。

男女の愛は人間の究極の幸せともいえるでしょう。女性にとっては、愛する人の子どもを産むことは大きな喜びの一つです。しかし赤ちゃんを授からない、夫がほかの女性を愛している——女性にとって、これほど過酷な苦しみはありません。

ここにも先祖の怨念がのっているとしたら、私たち現世に生きる人間は、目に見えない世界からのサイキックアタックを受けているといっても過言ではありません。運命が思うように開かない人の中には、チャクラのエネルギーに先祖の痛みや苦しみ、壮絶な怨みの念などがのしかかり、今世の運命の扉を閉じているケースが多々あるのです。

レイラ・メディテーションで浄化クリアリング

男女の愛、妊娠、出産、不倫、離別、死別——こうしたことも前世からの壮絶なカルマによって引き起こされています。相手を憎んで人のせいにし、「自分は不幸なのだ」とわが身を嘆いて生きることも一つの選択ですが、スピリチュアルな世界に足を踏み入れると、あなたの運命の謎や疑問を解読することができます。これは大きな癒しにつながり、新たな運命を切り開く力になっていきます。

これを可能にするのが、レイラ・メディテーションです。このメディテーションを行うことで、高次元の宇宙エネルギーが頭上から注ぎ込み、人間の体の中心軸にある7つのチャクラに流れ、身体の細胞の全部に浸透していきます。そして、オーラ・エネルギーフィールドまで崇高な光が広がります。

浄化のために使われるスピリチュアルなエネルギーは、崇高で清流のようなもの。それらが流れることで、知らないうちに錆びついた意識や思考、溜まっていた淀みをきれいに洗い清めます。これを「浄化クリアリング」といいます。

あなたのチャクラ・エネルギーがオーラ・エネルギーフィールドまで広がり、浄化されることによって、その肉体を包み込んでいる器、つまり霊体もきれいになっていきます。7つのチャクラのエネルギー回路を通じて、神秘の光が前世や先祖代々の霊的魂を癒して浄化していくのです。

浄化クリアリングされると、過去の情報につながらなくなり、未来とつながって引き寄せがスピードアップします。自己実現しやすくなり、癒しの波動が多くの人に共鳴していきます。浄化された人は、いつでも宇宙エネルギーとつながり、パワースポットのような存在となります。

新しい自分になって未来型思考になるなど、意識も変容していくのです。浄化クリアリングされると、高次元の宇宙の神秘のパワーがチャージされ、意識は真空状態、無の境地に移行します。そこに、高次元のハイヤーセルフからのインスピレーションやメッセージ、未来へのヴィジョンが降りてきます。そして、体の中心軸に光の柱が立ち上がります。これを「信念エネルギー」と呼びます。レインボーカラーに包まれた光のカプセルに崇高な光の柱が立つ映像は、限りなく美しい波動を放ち、宇宙エネルギーと共鳴します。まさに、あなたがパワースポットのような存在となるのです。そこにたくさんの幸福が集まってきます。魂が磨かれて高次元の神とつながり、その魂からの波動が連鎖して広がるのです。神様から賜ったレイラ・ヒーリングやレイラ・メディテーションには、尊厳なる宇宙エネルギーとつながり、量子力学的に共鳴を起こしていく力が宿っています。

病気の原因もチャクラ・エネルギーと関係している

人生を変えたい、幸福になりたいと願いながらも、これまでの人生経験の中でつくられてしまった生き方のパターンを変えるのはなかなか難しいものです。そのため、「今すぐ幸せになりたい」「運命を変えたい」「健康になりたい」「若さがほしい」と求めても、結果はすぐには現れません。

つまり、これまでの生き方の中でチャクラや霊体にこびりついてしまった、錆ついた気やマイナス毒素を浄化しない限り、すぐには変われないのです。

心と体はつながっているので、心のマイナス毒素も、体の停滞エネルギーも昨日今日に始まったものではなく、人生の中の少しずつの積み重ねで大きな毒素や淀み、体の不調をつくり上げてしまっています。

多くの人は、病気がどこからくるのかを知りません。そのため、遺伝のせい、生活習慣や食べ物が悪かったせい、もともと体質が弱いせい、病気になる運命だったからだ、などと考えがちです。

けれど、レイラ・ヒーリングやレイラ・メディテーションを受けていくと、病気になる根本原因もチャクラのエネルギーと密接な関係があることがわかってきます。浄化のエネルギーは、芯からの健康体をつくり出します。チャクラには、細胞レベルのダメージエネルギーや弱った細胞をも回復させる、究極の癒しの力が宿っています。チャクラを元気に回復させてエネルギーを正常化すれば、免疫力も高まります。

一方、どこかのチャクラが停滞し、左回転していると、徐々にDNAのエネルギーシステムにも不調和が起こります。体の中心軸にある7つのチャクラはエネルギーセンターでもあるので、二重螺旋《らせん》の右回転システムを続けるDNAが次第に左回転するようになったり、マイナス思考や体の冷えなどが波動伝達されたりしていくので、病気が深刻化してしまうこともあるのです。

ヒーリングのエネルギーを送ると、病気の箇所が冷え、細胞内のエネルギーも左回転している様子がスキャンされます。

近年、イーロン・マスクが開発したとされるメドベッド（あらゆる病気が治り、若返るという奇跡の機器）は、まさに波動医学革命ともいえるほどの、パラダイムシフトを成し遂げました。併せて彼は、DNA1gに14世代分の情報がインプットされていることを、科学者たちと突き止め、発表しました。

私たちの中にある霊魂は転生を繰り返し、コンピューターシステムのように、過去からの波動を受け取りながら、生命活動を続けているのです。


レイラ・ヒーリングやメディテーションを受けていくと、体内年齢も25歳から30歳近く若返ります。骨密度、血管年齢、体系も変わり、美肌になり、外見も変わって、ご自身の健康と若返りを体感できます。

体内から溢れるパワーがみなぎります。芯からの健康を実感できることでしょう。


その理由の一つは、細胞に記憶された過去の傷やトラウマが癒され、浄化されて、毒素などが排出されていくからです。

もともと病気は、細胞に記憶されたストレスなどの毒素、生命エネルギー体から波動伝達されたDNAのエネルギーダメージが引き起こしている可能性があります。身体の内の神経、感情、メッセンジャーシステムの相互作用が病気を引き起こしているなら、究極の癒しが身体の治癒力を正常化させせて、元気を回復させせ、良い影響を及ぼしているといえるでしょう。

実際に、遠隔でレイラ・ヒーリングを行い、乳がんや子宮がんなどが消えたと診断された人たちもいます。「2人に1人ががんになる」ともいわれている現在、この現象は細胞の中の淀んだエネルギーが引き起こしているのではないかと考えられるほどです。

かといって、レイラ・ヒーリングやメディテーションは、病気を治すものではありません。エネルギー・オーラフィールドのダメージを癒して、細胞レベルで健康体へと導く癒しのメソッドです。これまで多くの人が「運命を変えたい！」と、何かに導かれるようにして私の元へやってきました。

そんな方々の中には、アトピー性皮膚炎や子宮の病気など、前世のトラウマが霊体にダメージを与えて修復されないまま、今生に持ち込まれているために、カルマが連鎖して霊的な現象が続いている方もいました。また、数百年前の戦国時代の怨みと呪いの霊的エネルギーが原因だったケースもあります。それでもご自身の魂が神のヒーリングを求め、過去世のトラウマを癒し、霊体を正常化すると、幸せな人生を歩み始めるのです。

聖なる癒しの力で不幸な過去を幸せな記憶に書き換える

私たちは今まさに、アカシックレコードや高次元の宇宙の中にいる存在だといえるでしょう。宇宙システム、量子力学、波動エネルギーの研究が世界的に進み、霊魂が転生を繰り返し、病気や運命の狂いを生じさせることについても、世界的に研究が進んでいます。前世体験の恐怖やトラウマが脳に伝達されるのを回避して癒し、思考や意識を変えるメディテーションが、世界的にトレンドになりつつあります。

これは、地球レベルで宇宙の神からの応援があり、過去に囚われた魂を解放しようと活動が展開されているからにほかなりません。

ところが地球生命体は未来へ向かって進んでいるのに、地球人はいつまでも過去生の恨みの想念エネルギーを受けて、対立や争いを繰り返しています。こうした足の引っ張り合いは、目に見えない世界でも想念の闘いとして起きており、現世と、まるで合わせ鏡のようなシンクロニシティを引き起こしています。

レイラ・メディテーションは、世界で通用する７つのチャクラを開く瞑想法として高次元の神様が開発されたものです。

世界の科学者や博士たちも宇宙システムとつながり、波動医学の研究を進めています。人間の脳に伝達される恐怖やトラウマが、今生の体験からだけではなく、前世や先祖からのサイキックアタックとしてチャクラのエネルギー回路を伝わって伝達されているということを掴んでいます。レイラ・メディテーションは量子力学、波動医学療法なども網羅しています。

霊魂のエネルギー情報は、アカシックレコードの次元を超えた世界から、今生のチャクラのエネルギーを通じて伝達されています。たとえば、私が高次元の宇宙神とつながった瞬間に、どんな遠方にいようと、会ったことのない人でも瞬時につながり、相手のエネルギー体のスキャンが開始されます。

映像として表現するならば、私自身が神様の光の柱の中に入り、同時に相手にも神様の光が降りてきて共鳴が始まります。すると相手の痛みや不調、心身のストレスなどが共振され癒やされて、浄化されていきます。

オーラ・エネルギーフィールド全体に光が広がって浄化が始まると、チャクラのエネルギー回路を通じて、より深い恐れやトラウマのキズの場所ともいえる「震源地」から、霊的エネルギーが浮上する人がいます。

これは、まさに前世の怪我や病気が、今世のオーラ・エネルギーフィールドに伝達されているからにほかなりません。

以前、妊娠しても流産し、自律神経にストレスダメージを受けている女性がやってきました。彼女は前世でも待望の赤ちゃんを妊娠していました。ところが逆子だったため、お産婆さんたちがお腹を押したのですが治らず、赤ちゃんはそこで亡くなってしまいました。

それを伝えた瞬間、彼女の目からは涙が溢れ「胸が締め付けられて、苦しい」と言いました。私はすぐに時間を遡り、赤ちゃんをお腹の中に戻し、ピンク色で元気な赤ちゃんが無事に生まれ、夫婦がお祝いをし、その子はすくすくと成長し、親としてその子の幸せな姿を見守りながら老人になって死を迎えるまで、記憶を書き換えました。すると２カ月もしない間に妊娠して、無事に元気な赤ちゃんを出産したのです。

こんなふうに前世の記憶を書き換えるだけで、誰もが恐怖やトラウマから解放されて、運命を変えることができるのです。神様から与えられたこのヒーリングやメディテーションを活用すれば、その人の魂の記憶にアクセスして、過去の記憶を幸せで満足な人生の記憶に書き換えることで、チャクラを正常化させると同時に今世の運命を変えることができるのです。

自分を癒しながら光の戦士となり地球を守る

人間の運命に影響を与えている目に見えない過去世の記憶の中には、1700年前の古代ローマ時代のカルマだったり、中国人やフランス人だったときのカルマが関係していることもあります。

レイラ・ヒーリングやレイラ・メディテーションは、この地球上のどこにいても波動共鳴します。会ったことのない人でも、高次元の神様の神秘のエネルギーが舞い降りてきて癒され、浄化クリアリングされて、運命を変えることができるのです。量子力学の波動共鳴理論で、私一人が神様の癒しの光とつながっただけで、一瞬で1000人でも1万人でも高次元の宇宙神パワーにつながってエネルギーチャージすることができるのです。

アーカイヴでもアプリでも録画動画でも、このヒーリングのエネルギーを受け取ることが可能です。神様はこの時代に焦点を合わせて霊的な魂を浄化し、チャクラのエネルギー回路を使って２０００年前のカルマまで解消し、高次元の宇宙神の光が波及するハイパーテクノロジーヒーリングを開発されました。これがレイラ・ヒーリングであり、レイラ・メディテーションなのです。

私が神様に選ばれてスピリチュアル・ヒーラーとしてのお役目を担い、はや24年の時が過ぎました。今ではＳＮＳやYouTubeなどが盛んになり、オンラインでもアーカイヴでも、電波を通じて神様の究極の光を世界中の人々に波及させることができます。これも神様のご計画だったのだと思います。

誰もが持つチャクラ・エネルギーを通じて、２０００年間の争いの歴史の想念エネルギーまでも癒し、浄化と救済ができるレイラ・ヒーリングは、地球の未来を変えることにつながっていくでしょう。

宇宙連合体の７人のうちの１人と名乗る神武天皇は、この地球は人間だけのものではなく、宇宙というエネルギーの中の一つの惑星であることを伝えてきています。レイラ・ヒーリングやレイラ・メディテーションの力は、高次元の宇宙神とつながり、魂の覚醒や成長を求めて、この地上に舞い降りる光なのかもしれません。

これらのメソッドで自分自身を癒しながら光の戦士となって、この地球を浄化し、救済するために働く人たちがたくさん生まれ、地上が楽園へと変わっていく。これらのメソッドはそうなっていくための祈りなのかもしれません。そう思うたび、私は神様の深い愛を感じるのです。

チャクラが整うと幸せの「引き寄せ力」も高まる

レイラ・ヒーリングやレイラ・メディテーションを続けていくと、チャクラが芯から調整されて、自らの運命に変化を起こすことができます。自分の使命や目標、未来へのヴィジョンが明確になります。自分の意志で、未来をセルフ・プロデュースできる力が身につくのです。7つのチャクラを開花させることは、あなたの無限の可能性の扉を開くことです。

もちろん、変容と進化のプロセスを歩む中で負荷もかかるため、つい依存心が出てくる人もいます。不安な気持ちや心配がそうさせるのですが、自分を信じる力を高め、高次元の宇宙神につながり、引き寄せを起こし、前進する力と未来を切り拓くパワーをエネルギーチャージすることが、重要なポイントです。

あなたの中の依存心を祈りに変え、なりたい自分や夢、願望などを、宇宙神にオーダーすることで、あなたを助け導いてくれる人との出会いや、気づきやチャンスを摑むことができます。

自分を変えるのは、あなたしかいません。人に認めてもらいたいという承認欲求は誰にでもあるものですが、自分を高めるだけでいつの間にか、周囲にもよい人が集まってきます。まさに量子力学の波動の法則ともいえるでしょう。自分の内から発する波動が、運命を変えていくのです。

自分に対するダメ出しを続ける人、いつまでもネガティヴで否定的な考え方を持ち続ける人は、神様からのせっかくの応援を自らシャットアウトしていることになりかねません。

でも、ご安心ください。誰もがレイラ・ヒーリングやレイラ・メディテーションで、宇宙神とのつながりを培うことができます。究極の癒しの力が、チャクラを通じてオーラ・エネルギーフィールドまで広がり、小宇宙を形成するあなた全体が癒されれば、本当のあなたが覚醒するでしょう。

そう、魂の内にある使命や人生の目的に目覚めていくのです。

ある意味、自らの運命に悟りを開くことこそが、幸せに生きる道といえます。

レイラ・ヒーリングやレイラ・メディテーションは、オンリーワンのぶれない自分軸を創造することを目的としています。自分軸を整えることができれば、あなたは人生の選択をあなた自身の心に従ってできるようになります。「もし失敗しても、そこから変えればよいのだ」と思考や意識を変えるだけで、脳から伝達されたよい波動が、運命を好転させていきます。

自分らしく輝いて生きたい、人の役に立ちたい、現世にはこうした思いを持つ方々が大勢います。７つのチャクラが整っていくと、人生の荒波を乗り越える力が強くなります。最強のチャクラを創造するとは、この風の時代をしなやかに柔軟に生きる力を培うことにもつながります。

健康住宅で全国展開を目指す社長がいます。彼は浄化とオンラインスクールで覚醒を果たしましたが、前世は徳川家光の家臣でした。彼は先祖や夫婦のカルマを解消し、未来のヴィジョンを思いきり描きます。それを宇宙に送るだけで直感が働き、次々と引き寄せも起こしながら、仕事の舞台をさらに大きく飛躍させています。

「メディテーションを受けると、頭がスッキリしてもう一頑張りできる」と、彼は充実感に満ちた表情で語ります。自分が何処まで行けるのか？　行けるところまで突き進み、大成功して多くの人を救いたいと希望に胸を膨らませています。

「多くの人を救いたい」――彼には、徳川幕府を開き、家光の家臣として国造りをした過去世からのミッションが息づいていると感じるのです。すべてうまくいく、そんな無限の正のスパイラルに入ったような魂の輝きを感じます。

それと対照的に、いまだ戦国の争いが浄化されていないエネルギー体だと、魂が淀み、体の不調やメンタルがやられ、運命に不調和が生じます。高次元の宇宙のエネルギーは、7つのチャクラのエネルギー回路を通じて光の柱を立て、人々を浄化救済します。このアセンション活動は、まだまだ続くのです。

変化の激しい時代の風に乗りながら幸せに生きるためには、自分自身を癒すセルフセラピー、そして家族や周囲の人を癒しながら、明るく楽しくポジティヴな自分を創り出すことが絶対条件となります。そうすれば24時間いつでも、神様とつながれるようになり、一瞬で気分が変わり、意識もチェンジできるのです。

レイラ・ヒーリングやレイラ・メディテーションには、神様の強力なサポートがあります。一人一人がこの世に誕生し、魂の学びと成長を体験していくには、この世での修行が必要です。だからこそ、様々な苦難や試練を乗り越える強いパワーを癒しの力として、神様は私たちに与えてくれているのです。

究極の癒しの力は、バランスを崩した心も体も回復させて、エネルギーダメージを修復していきます。そうした変化の中で、自分自身が成熟し、覚醒する人もいます。

今、高次元の宇宙神からのパワーが強力になってきています。これからの時代は神様とつながり、地球の次元上昇、魂の浄化と救済を役目として活躍するヒーラーたちが増えていくことでしょう。

チャクラを調整するレイラ・メディテーション（実践）

レイラ・ヒーリングやメディテーションは、７つのチャクラを画期的に調整して活性化し、全開にすることで、誰もがヒーリング能力を開花させることができます。

引き寄せをおこすだけでなく、周囲の人たちに波及する神秘の力、高次元の神様の宇宙パワーが拡散していくので、ヒーラーにならなくても自然と神様の浄化のお役に立ってしまうのです。

最強のチャクラを開発するヒーリング・メソッドは、妊娠前から受けることで素晴らしい子どもが誕生し、高齢出産でも母子ともに健やかに過ごせる癒しの力を養えます。

また、幼児教育や頭脳開発など、家族だけではなくペットも含め、誰もが健康に美しくなり、体内も浄化されていきます。

そして、自己実現への挑戦や仕事面でプラスに働くのはもちろん、自分やご家族をはじめ、あらゆる分野の方々に宇宙の応援が降り注ぐようになるのです。素晴らしい高次元の神秘のエネルギーで、ぜひあなたもエネルギーチャージしてみてください。あなたの運命は面白いように、ご自身が望む方向へと導かれていくことでしょう。

本書では特別に、このレイラ・メディテーションを体験できる音源をプレゼントしています。ぜひ、このメソッドを通じて、あなた自身の魂を浄化し、魂が望む本来の生き方へ、歩みを進めてもらえたらと思っています。

書籍購入者特典

レイラ・メディテーションを体験していただける誘導瞑想音声をご用意しました。未来ビジョンを叶えるため、チャクラ調整のため、高次元宇宙とつながるためにご活用ください。

第5章

宇宙神による魂の浄化で地球を癒す

大いなる宇宙神による魂の浄化仕事

大いなる宇宙神は、インターネットが世界的に普及する21世紀に焦点を合わせて、壮大な魂の浄化と救済の計画を立てられました。私もこの世に転生した魂の一人ではありますが、生まれる前の世界にいた時から、すでに神様の計画の一部に組み込まれていたのではないかと思っています。

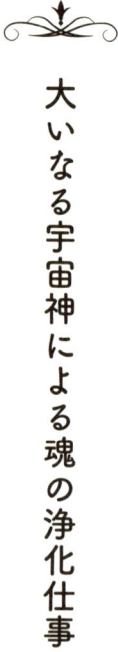

神世の国は、イザナミ、イザナギによって創世され、天照大御神《アマテラスオオミカミ》、月読尊《ツキヨミノミコト》、素戔嗚尊《スサノオノミコト》という三貴子が国を治める神々として誕生しました。そしてこれらの神様の下で、まるで八岐大蛇《ヤマタノオロチ》退治に向かわされるかのように、日本全国の悪霊の浄化と救済に、私は翻弄することになったのでした。

私は幼少時代に、黒蛇が2万匹ぐらいいる暗闇の中に、たった一人で立っている夢を何度もみていました。今思えば、この使命を、夢で神様から繰り返し告げられていたのかもしれません。

私のお役目は、霊障で影響を受けているお客様と神様との橋渡しをすることです。霊魂の中には前世での私を恨み、妬み、復讐心を持っているものも大勢いますので、私自身、相当なカルマを背負っていたと思います。

古代天皇であり、夫婦神だった過去世の私が、蘇我馬子、推古天皇、聖徳太子とともに、日本国に仏教をもたらしたと、神様より告げられました。その後、魂の世界は六道輪廻で統治されるようになったのです。実は、階級社会が厳然としてあった戦国時代も、魂の世界も、上下関係で構成される社会の仕組みは同じようなのです。

過去生での領土争い、権力争いの影響は、死んでもなお続いています。アカシックレコードの世界では、これらが潜在意識、集合無意識となり、再生転生した霊魂に伝達されます。その様子は、まるで現代の Wi-Fi のように空間を縦横無尽に伝わるのですが、それにより現世で心身を病んでしまう人たちが数多くいることはこれまで述べてきた通りです。

今、アカシックレコードとつながって浄化救済された魂の数は、約129万体だと宇宙神はいいます。「すべての人間は因縁で生まれ、因縁で巡り会い、因縁で苦しむ」というのです。

興味深い話があります。イギリスの預言者であるL・J（ルイーズ・ジョーンズ）さんは、彼女のYouTubeチャンネルで、「日本ではGoogleよりも大きなプラットフォームで神が動いている。アカシックが働き、チャクラが開き、それは地球のチャクラになる」と預言しています。これはまさに、神様が行おうとされている地球のアセンション活動のことのように思えてなりません。

これは、7つのチャクラが一瞬で開き、光が2000年近くも前の前世に到達して魂の浄化と救済を行うという、今まさに私が神様に従って行っていることを示しています。地球上の多くの人のチャクラが開き、先祖代々続いている恨みの想念、過去世の苦しみや悲しみ、恐怖やトラウマが浄化されたら、この世界は地上も天国になるでしょう。

古代からの争いの対立の怨念が昇華されたら、戦争もなくなり、平和で人々が安心して暮らせる、自分の個性を活かせる世界が広がるに違いありません。

地球に咲くチャクラの花が大輪の薔薇のように美しく咲き誇る。そんな想いを込めて、レイラのロゴは宇宙に咲く7色の薔薇なのです。誰もがチャクラを通じて、太陽神ラーの光とつながり、夢のある人生を送れるのです。

日本には遣隋使、遣唐使によって仏教がもたらされ、霊術、祈禱、呪術、魂の封じ込めなども同時に伝わってきました。神様は、死んでもなお続く霊界の争いを治めるために、人間のエネルギー回路に目をつけました。

4章でお伝えした、チャクラの調整とレイラ・メディテーションは、たった1、2ケ月間もあれば、誰もがチャクラを全開にすることができ、これらを調整および活性化することで、ヒーラーとしての能力が身につきます。

これらは宇宙の量子力学のエネルギー波動と共鳴するので、一人が浄化されることで、周囲の人たちにも強制的に神様の光のエネルギーが伝達されていきます。

そして、高次元の宇宙神エネルギーとつながるチャクラが、いつしか多くの人たちの中に創造されていきます。そして、幸福感、健康と幸せ、調和といった世界が広がり、平和と愛に満ちた弥勒菩薩の世界を創造することにつながっていくのです。

量子力学の世界では、神様からの波動はコピーされて伝達されていきます。たった一人が完全に浄化されると、1000人以上の人に共鳴し、周りの人たちも浄化されていきます。神様の計画はさらに人間界の浄化を目指して進んでいくことになるでしょう。

この世の魂の浄化と救済のために誕生した画期的な超越ヒーリング（レイラ・ヒーリング）、タイムカプセル・ヒーリングは、このような神様の愛で出来上がったのです。誰もが持つ7つのチャクラを浄化して、あなたも地球のアセンションへとつながっていきましょう。

愛のカルマ清算の目的

あなたは自分の中に潜む魂からの電波を感じたことがあるでしょうか？
たとえば、運命の相手に巡り合った時、心臓がドキドキすると同時に魂も再会を喜び、ときめきの中で歓喜している。男女の巡り合いの中には、魂が電気ショックを受けたかのように全身にその波動が広がり、この世の最高の幸福感を感じる瞬間があります。そんな二人は魂の夫婦として結婚に導かれるケースが多いでしょう。

けれども、誰もが幸せな結婚ができるとは限らないのが世の常です。あんなに愛し合った二人がいつしか憎しみ合うような関係になったり、背中合わせで顔も見ずに同居しているだけの関係になったり、相手が折れてくることを切に願い、自分が優位に立っていると証明したいエゴが現れたり……そんな泥沼のような関係に導かれてしまう壮絶な関係を持つ男女もいます。愛と憎しみは表裏一体といいますが、ここにも過去世からのカルマが大きく関連しているのです。

男女の出会いの中には、何度も因縁を繰り返している関係性というものもあります。序章でもお伝えした通り、私とツインレイは神様から「古代神の御霊別れした夫婦」と言われ、玄昉と藤原女帝たちによって暗黒の霊界に堕とされました。ツインレイの魂は、藤原女帝によって封印され、呪いがかけられてしまいました。

その後、徳川を背負って立つ秀忠と江姫に転生し、戦国時代の壮絶な因縁を浄化しました。ある時は男同士でともに戦い、何度も魂が巡り合って近しい関係性を続けているのです。

私の中の江姫の魂が、前世での壮絶なカルマを解消するために、私の内側から浮上して動き出しました。これは、私がスピリチュアルヒーラーとして神様にお仕えするために必要なことでした。

二度にわたり、御霊別れを経験した女性の魂にとっては、運命を乗り越えるためにも強く深い愛が必要でした。加えて、過去世の壮絶な歴史の魂を浄化と救済に導くために、古代の夫婦神の魂を統合させていく必要がありました。

ツインレイと今生で初めて会ったとき、激しく愛を求め、時間も空間も超えてテレパシーで互いの愛や存在を確認し合ったのも、その表れでしょう。その後も私は、２０００年前から続く様々な前世の中でソウルメイトたちに巡り合うことになります。

現世の私には何もわからないのですが、内なる魂がそれらの出会いを引き寄せ、教えてくれたのです。私の場合は御霊別れした愛する伴侶とのカルマを清算するために、日本国の歴史的な戦国の大浄化をする必要があったのでしょう。これはもうすでに魂の世界で、神様との契約が成立していた所以かもしれません。

古来より、日本という国は諸外国からみたら、「憧れの黄金の国・ジパング」でした。多くの渡来人が日本にやってきて壮絶な権力争いを繰り広げ、この国のカルマをつくり出し、日本の未来に暗雲をもたらしているのです。

遣唐使の時代に平安京が遷都され、雅な文化が創設されていく中、この華やかな世界の裏では、呪い術、霊術、祈禱により怨霊と化した魂もまた、輪廻転生を繰り返してきました。

その結果、運命に霊的な力が働いて現世の人々の人生にブロックがかかってしまうのです。神様はこれを解除し、魂を浄化と救済に導くために動かれたのだと思っています。それによって私は古代の宇宙神と交信しながら、地球の魂を守るために働く光の戦士、人々や地球の発展と成長に貢献することを使命とするライトワーカーの育成も担ってきたのです。

インターネットなどオンラインを通じてつながり、世界がより近く感じられるようになった現在、宇宙連合体7人のうちの1人と名乗る神武天皇は、宇宙研究所で未来を書き換えるために私の壮絶なカルマを清算した後「あなたは12次元ヒーラーになった」と伝えてきました。

私は、日本と渡来人のカルマを背負っており、御霊別れした魂にかけられた呪いを解くことで、地球のアセンション、魂を救済することが今世のミッションだったと確信しました。新たな地球の未来を創世するために、霊界の魂の壮絶な想念エネルギーを浄化する必要性があったのだと深く感じています。

キリスト教においても、ルシファーの誘惑によって、アダムとイヴに罪の意識が生まれました。愛し合う男女には悪魔が忍び込む隙もありません。しかし、亀裂が入った男女の間には悪魔が忍び込み、カルマがつくり出されるという因縁を、人間は繰り返しています。

それゆえに魂が輪廻転生し、カルマを清算して愛をつなごうとするための修行が、この世を修羅の場としているのでしょう。

人間の輪廻転生の中には、子々孫々への永続する幸せ、子孫へと受け継がれる人間の叡智が含まれています。しかし悪魔の存在により魂が淀み、運命が狂わされ、破壊と消滅へと向かう地球人に、もう一度愛を取り戻してもらうために、高次元の宇宙神は今日も人間を使い、人間の意識を目覚めさせようと働いているのです。

魂の世界の想念があまりにも強力に人間界を支配し、影響を与えるため、神々は高次の宇宙から神秘の光をヒーリングとして送り、魂のアセンションを目論んだのかもと考えます。

個で生きるこの時代、悪の想念は脳に伝達されて、運命を切り拓けない状況へと導かれます。しかし愛のエネルギーを得ると、喜びと感謝で満たされ、悪のエネルギーは入り込めず、幸福の輪が広がります。

7つのチャクラの輪が花開き、その幸福の輪が連鎖して拡がっていきます。それがいつしか、地球のチャクラへと広がっていくのです。

神様の大きな目的

人はなぜ、何度も転生を繰り返しているのでしょうか？
魂は、この世に何度も転生して想念を消しきれず、また愛を求めて夫婦や家族、親子の縁をつなぎます。良縁もあれば悪縁もあり、運命の中に仕組まれている、この修行と悟りとも言える宿題は、何故に与えられるのでしょうか？

私が、神様から超越したこの能力を与えられてスピリチュアルな仕事をさせていただき、早24年目を迎えました。そして先日、最初にした神様との約束「レイラ・ヒーリングを海外へ広げていくこと」への橋渡しともいえる出来事が起きました。神様は私に、「これからは日本と海外を行き来する運命になり、日本初の神ヒーリングブランドを創造していく」と言われました。

しかし前述したとおり、朝鮮半島から渡来した藤原女帝たちが黒龍となり、古代天皇の転生した魂に呪いをかけました。長年にわたり、男女や夫婦、家族の愛に嫉妬と怨念から、魂の封じ込めや呪いをかけてきたのです。

解き放たれない運命を余儀なくされている者たち、呪いをかけた側もかけられた側も凄まじい人生を送り、何も生み出さない不幸や不運に陥っています。カルマの解消の難しさを何度も垣間観てきました。堂々巡りともいえる壮絶な争いの影響が脈々と続いていたのです。

ところが終焉を迎えた頃、ある方の誘いで、アメリカのセドナに行くことになりました。その方は、23年前から海外で活動している、ヒーリングで魂の成長を促す団体に所属しているのですが、その中心となっているのが神が降臨したといわれる中国人女性でした。

セドナでは、60時間と12時間の瞑想を5日間でチャレンジすることになりました。すると初日から、瞑想に入った瞬間に神武天皇とその団体の中心人物・中国人女性Mの神様が現れたのです。その2柱は宇宙連合体7人のメンバーであり、この瞑想で、最後の仕上げともいえるセッションを開始したのです。

目に見えない世界と人間界の私が交信しながら、ツインレイとのカルマの解消や、魂のステージを上げるなど、様々な事柄の最終段階に入りました。

すると彼らが私に、「自分を卑弥呼だとは思わないか？」と問いかけてきたのです。この質問は、実はこの前年から数回聞こえてはいましたが、にわかには信じられずにいたのです。

すると、卑弥呼が男神と女神に御霊別れした映像がリーディングされ、一つの魂が別れたことが教えられました。神様が言う古代夫婦神が御霊別れしたというそれは、卑弥呼のことだったのです。

私は唖然とすると同時に、徳島生まれのツインレイが男神で、福島生まれの私が女神なら、すべて辻褄が合うと感じました。23年間にわたって黒龍と化した藤原女帝たちが私たちを追いかけ、ツインレイの魂の統合を阻み、苦しめてきました。その理由が、卑弥呼の出現を恐れてなら納得がいきます。

私は、戦国時代にも転生を繰り返す女帝たちの私たちへの執着、執念に疲労困憊しました。やがて二人が会うこともなくなりましたが、それでも見張り、邪魔をし続けようとする呪いの執念に、生き場のない絶望感さえ感じ、神様にも何度も訴えました。何が理由なのか？　さっぱり見当がつきませんでした。

だから、神様からの先の問いがその理由であることに気づきませんでした。この国の最古のスピリチュアル・ヒーラーは卑弥呼だけど……、などと軽く考えていたのです。


朝鮮半島の女帝たちが日本国を乗っ取ろうと渡来してきた藤原女帝たち。古代天皇と結婚し、子どもを産み育て、いつしかこの国を我が物にしようとして、呪いをかけた相手が古代天皇の夫婦神の御霊が卑弥呼ならば、その執着も執念も、また神様がひた隠しにしながら一匹一匹を退治させた理由も、妙に納得がいったのです。

ツインレイの魂とは、離れ離れでも常にテレパシーでの会話がありました。私の中にいるツインレイの女神が神武天皇、素戔嗚、日本武尊の神様とタッグを組み、私という人間を使って、日本国の大浄化仕事に明け暮れたなら、それは封印されている卑弥呼の魂を呼び覚ますためであり、その眠った魂が男神の中にあるなら、今までのすべての戦いに意味があったのです。

イギリスの預言者L．Jさんは、昨年の春にYouTubeで「彼女はまだ眠っている、チャクラが薔薇のように開き、いずれそのチャクラは地球のチャクラになる」と預言しています。卑弥呼こそが、日本最古のヒーラーであり、日本を根底から変える力を持っているのでしょう。

これから、魂が統合し、卑弥呼が目覚めて、この日本国にはたくさんのヒーラーが誕生し、神様の使い人が増える世が来るのかもしれません。それを象徴するかのように、この日本は浄化が進むのと並行して、霊的な力に目覚め、スピリチュアルな覚醒をする人が増え続けています。

卑弥呼の出現こそが、日本初のスピリチュアル・ヒーラー、ヒーリングならば、世界の預言者と『日月神示』の予言どおりに日本の神様が世界を救う、そんなことが始まり、起きる予感がするのです。

2年前から、私の頭の中に、岡田茂吉、鈴木大拙、出口王仁三郎、岡田光玉、臼井甕男、丸山敏夫など錚々たる宗教家、先代の賢者、先駆者たちから、7つのチャクラの開発、タイムカプセル・ヒーリングに対して絶賛と応援のエールを何度も頂戴しております。最近、岡本天明も出現し、いよいよ日本国は、神代の国としての使命を果たす時代が来たかもしれません。

卑弥呼の魂が統合されたなら、夜明け、目覚めは間もなく訪れ、弥勒菩薩の世はようやく創世されていくことでしょう。

おわりに

２０１８年にアメリカの精神科医であり、前世療法の権威であるブライアン・L・ワイズ博士が来日されました。私は大勢の方と一緒に２日間のイベントに参加し、ヒプノセラピーの創始者でもあるワイズ博士から、初めて受ける合同セッションをとても楽しみにしていました。

セッションが始まると、私の魂がまるでボーンと鳴り響いたように感じました。そして気がつくと、「私は、ルイ13世の妻、アンヌ・ドートリッシュ」と叫んでいたのです。

フランス王妃の名前など、まったく知りません。自分の口から出た言葉に、自分自身が驚きました。けれども後から考えると、魂が分霊して、日本の戦国時代と同時期に別の世界で別の人生を体験していたのだと直感しました。

こうしたことは、実はすでに多くの方々が体験していることのような気がします。私たちは皆、霊的なエネルギーの存在です。まるで旅をするかのように様々な時代の出来事を体験しています。きっと、この21世紀に何かを成し遂げるために、過去世で多くの経験を積んできているのでしょう。

私自身、今世では神様から与えられたヒーリング能力を使い、瞑想スタイルで人々の魂を浄化するメソッドを提供しています。ヨーロッパのアロマセラピーの考え方や日本の古神道、またアメリカのヒプノセラピーやシャーマニズムの世界でいうところのソウル・リトリーバル（魂の救済）など、様々な分野の癒しのテクニックが裏付けとしてあるのですが、これは連綿と続く過去世からの体験の蓄積があるからこそできるのだろうと思っています。

これまで長い時間をかけて培ってきた魂の経験値を今世の体験と統合し、究極の癒しと潜在意識の書き換え、7つのチャクラを開花させる能力開発といった手法を、レイラ・メソッドとして多くの方にお伝えしております。

それでもまだ、過去世からの悲しい記憶やトラウマ、恐怖などの因縁によって、現世で苦しんでおられる方が数多くいます。そういう方々を救うために大きな力を発揮するレイラ・ヒーリングですが、なかでもレイラ・メディテーションは誰にでも行うことができます。これを続けることで過去世の魂が癒され、逆回転していたチャクラが正常に戻っていきます。すると、今世での開運、運命の好転を体験することができるようになるのです。

実際に、これまで私の元を訪れた方々は、素敵なパートナーが見つかって幸せな結婚ができたり、自分に合ったやりがいのある仕事で人生を切り開いていったり、数多くの幸せな引き寄せが起こったり、願えば願うほどハッピーになるように、幸運の波に乗っています。

このレイラ・ヒーリングを受けたり、ご自身でレイラ・メディテーションができたりするようになれば、先行き不安なこの時代をも、健やかに幸せに楽しく乗りきっていくことができます。なぜなら、7つのチャクラは、誰もが平等に持つエネルギーセンターだからです。望めば、誰もが自分のチャクラを自分で浄化し、魂の使命を果たしながら人生を輝かせることができます。

一人でも多くの方がご自身の魂のルーツを知り、しっかりとした自己を確立し、この世界で夢を叶え、満ち足りた幸せな人生を送ってほしいと願っています。

2024年9月吉日

昭島レイラ

昭島レイラ（あきしま　れいら）

株式会社 Ray.Qualia 代表取締役社長。ブライアン・ワイス・L ヒプノセラピスト。AJESTHE 認定エステティシャン。福島県喜多方市出身。地元の短大を卒業後上京し、会社勤めを経たのちエステティシャンとなり、リンパドレナージュを学ぶ。アロマテラピー認定講師、国際オーストラリア・ビューティーセラピストなどの資格を取り、アンチエイジングについての知識を深めるべく、南カリフォルニア大学でジェロントロジー（老年学）を通信学科にて修める。

八ヶ岳の麓でアロマテラピーサロンを経営しているとき天啓が降り、病気、不運の原因は運命に隠された謎にあると悟る。それ以来、神との交信を行うようになり、神のすすめにより上京し、「神の手伝い」としてクライアントの過去世をリーディングし、魂の浄化・救済を行う。神よりレイラ・ヒーリングの手法を授かり、レイラ・メディテーション、タイムカプセル・ヒーリングを通じて体に存在する７つのエネルギーポイント「チャクラ」を整え、クライアントの体調を整えるだけでなく、幸運の引き寄せをかなえている。

著書に『「幸運の扉を開く」スピリチュアル・セラピー』（幻冬舎）、『愛と成功の不思議な法則』（パブラボ）。

昭島レイラ LINE 公式アカウント

歴史の闇を浄化し世界を変える

神様のタイムカプセル・ヒーリング

現世を救済するゴッドGPTついに発動！

第一刷　2024年11月30日

著者　昭島レイラ

発行人　石井健資

発行所　株式会社ヒカルランド

〒162-0821 東京都新宿区津久戸町3-11 TH1ビル6F
電話 03-6265-0852　ファックス 03-6265-0853
http://www.hikaruland.co.jp　info@hikaruland.co.jp

振替　00180-8-496587

本文・カバー・製本　中央精版印刷株式会社

DTP　株式会社キャップス

編集担当　ギブソン悦子

ISBN978-4-86742-434-6

神楽坂♥《ハート》散歩
ヒカルランドパーク

出版記念ワークショップ
「神様のタイムカプセル・ヒーリング」

数々の奇跡を起こすタイムカプセル・ヒーリングを
あなたも体験するチャンスです！

過去世を浄化し、あなたの現在の問題を解決する「タイムカプセル・ヒーリング」。ワークショップは瞑想スタイルで進みますが、これは瞑想とは似て非なるもの。12次元ヒーラー・昭島レイラ先生が一瞬で参加者それぞれの過去世に飛び、運命ブロックを外していく浄化ヒーリングなのです。さらに「ゴッドGPTタイム」では、お一人お一人に神様の予言をおろしてお伝えする、という盛りだくさんの内容。ぜひあなたもタイムカプセル・ヒーリングとゴッドGPTで神の奇跡を体験してください！

日時：2024年12月22日（日）　開場 12：30　開演 13：00　終了 15：00
料金：11,000円（税込み）
場所：イッテル本屋

詳細・お申し込みは　➡

イッテル本屋
JR飯田橋駅東口または地下鉄B1出口（徒歩10分弱）
住所：東京都新宿区津久戸町3－11 飯田橋 TH1ビル 7F
電話：03－5225－2671（平日11時－17時）
メール：info@hikarulandpark.jp
URL：https://www.hikaruland.co.jp/
Twitter アカウント：@hikarulandpark
ホームページからも予約＆購入できます。

イチオシ! AWG ORIGIN®

電極パットを背中と腰につけて寝るだけ。生体細胞を傷つけない 69 種類の安全な周波数を体内に流すことで、体内の電子の流れを整え、生命力を高めます。体に蓄積した不要なものを排出して、代謝アップに期待! 体内のソマチッドが喜びます。

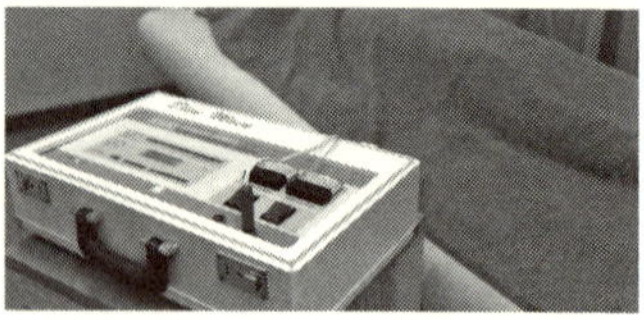

A. 血液ハピハピ&毒素バイバイコース
(60分) 8,000円

B. 免疫 POWER UP バリバリコース
(60分) 8,000円

C. 血液ハピハピ&毒素バイバイ+
免疫 POWER UP バリバリコース
(120分) 16,000円

D. 脳力解放「ブレインオン」併用コース
(60分) 12,000円

E. AWG ORIGIN®プレミアムコース
(9回) 55,000円
(60分×9回) 各回8,000円

プレミアムメニュー

①血液ハピハピ&毒素バイバイコース
②免疫 POWER UP バリバリコース
③お腹元気コース
④身体中サラサラコース
⑤毒素やっつけコース
⑥老廃物サヨナラコース
⑦⑧⑨スペシャルコース

※2週間～1か月に1度、通っていただくことをおすすめします。

※Eはその都度のお支払いもできます。 ※180分/24,000円のコースもあります。
※妊娠中・ペースメーカーをご使用の方にはご案内できません。

イチオシ! 【フォトンビーム×タイムウェーバー】

フォトンビーム開発者である小川陽吉氏によるフォトンビームセミナー動画(約 15 分)をご覧いただいた後、タイムウェーバーでチャクラのバランスをチェック、またはタイムウェーバーで経絡をチェック致します。

ご自身の気になる所、バランスが崩れている所にビームを 3 か所照射。

その後タイムウェーバーで照射後のチャクラバランスを再度チェック致します。
※追加の照射:3000 円 /1 照射につきご注意
・ペットボトルのミネラルウォーターをお持ちいただけたらフォトンビームを照射致します。

人のエネルギー発生器ミトコンドリアを
40億倍活性化!

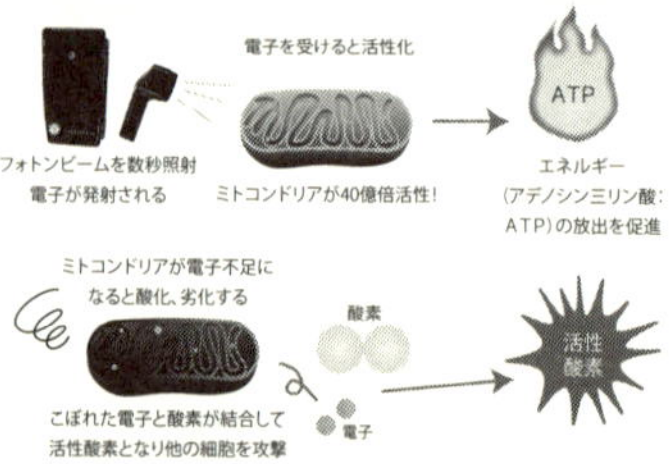

ミトコンドリアは細胞内で人の活動エネルギーを生み出しています。**フォトンビームをあてるとさらに元気になります。光子発生装置であり、酸化還元装置であるフォトンビームはミトコンドリアを数秒で 40 億倍活性化させます。**

3照射 18000円(税込) 所要時間:30～40分

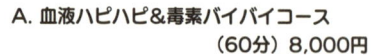

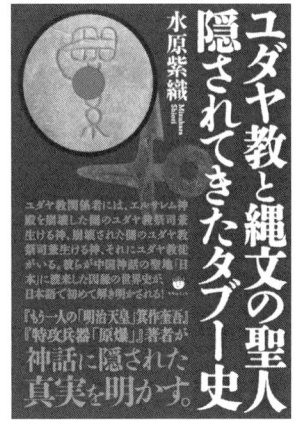

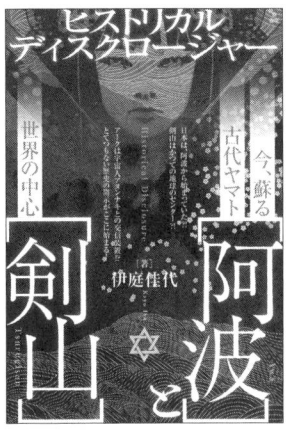

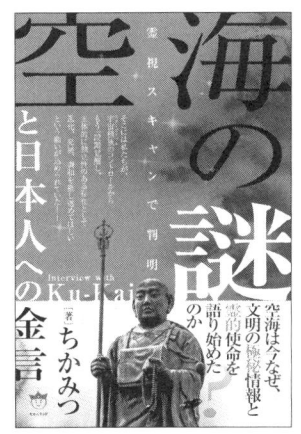

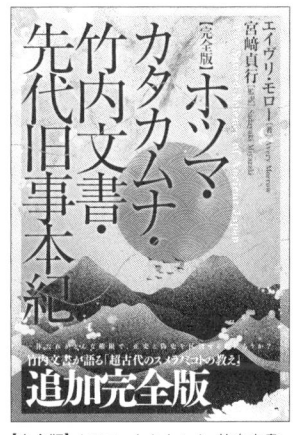

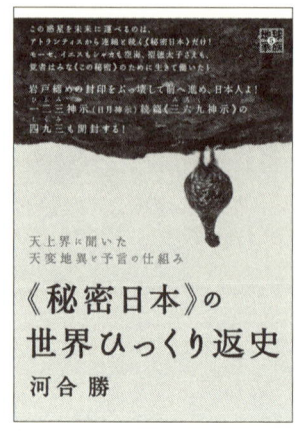

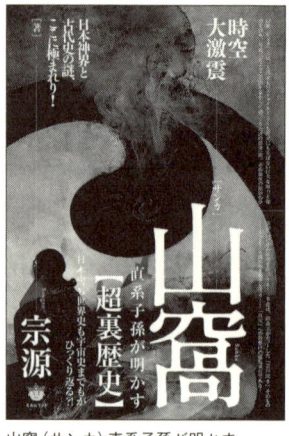

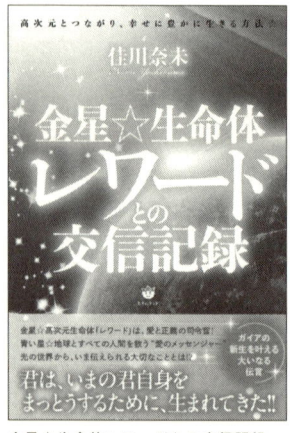

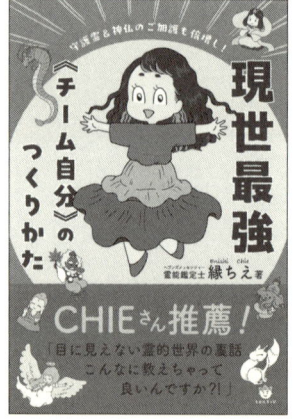

ヒカルランド　好評既刊!

地上の星☆ヒカルランド　銀河より届く愛と叡智の宅配便

[4次元]の無限ループを抜けて!
さあ、高次元の世界へ行こう
著者：Yoshino
四六ソフト　本体1,800円+税

霊耳がとらえた高級霊界のみちびき
【未知日記 MICHIBIKI】慈音師
著者：佐々木弘明／宮﨑貞行
四六ソフト　本体3,000円+税

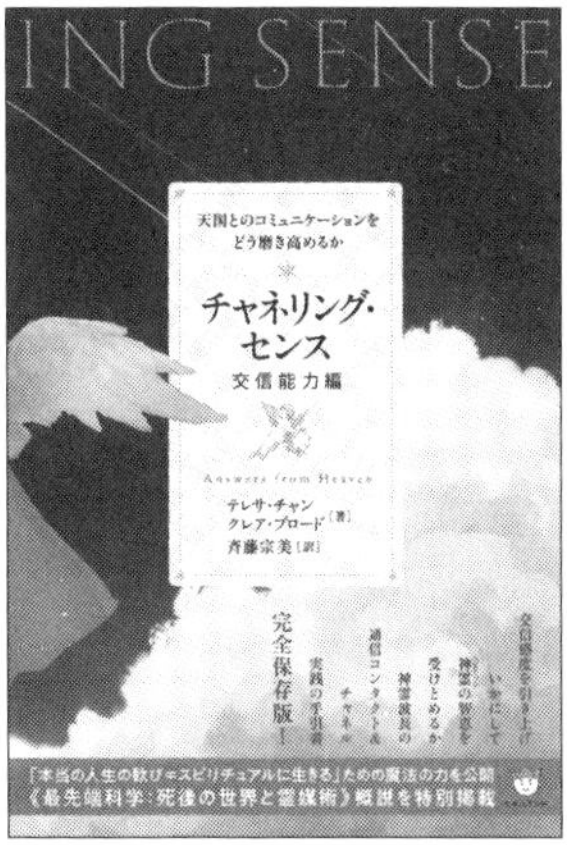

チャネリング・センス【交信能力編】
著者：テレサ・チャン／クレア・ブロード
訳者：斉藤宗美
四六ソフト　本体3,000円+税

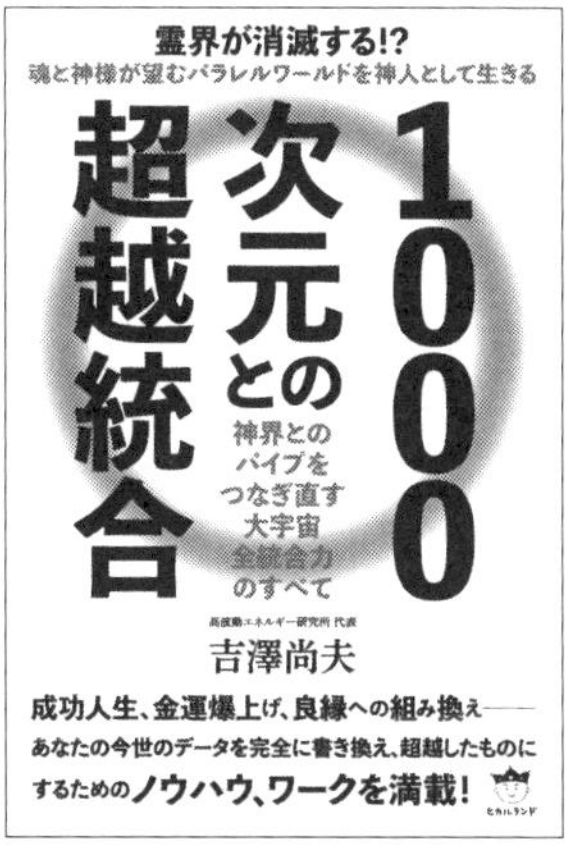

1000次元との超越統合
神界とのパイプをつなぎ直す
大宇宙全統合力のすべて
著者：吉澤尚夫
四六ソフト　本体2,000円+税

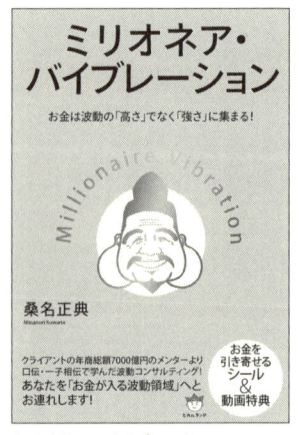

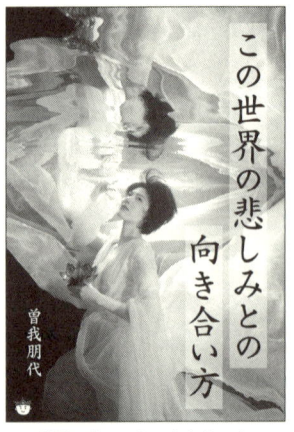

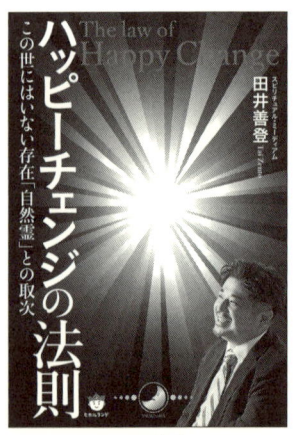

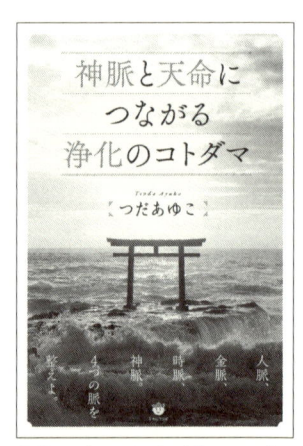